PRÉFACE

La collection de guides de conversation "Tout ira bien!", publié par T&P Books, est conçue pour les gens qui voyagent par affaire ou par plaisir. Les guides de conversations contiennent le plus important - l'essentiel pour la communication de base. Il s'agit d'une série indispensable de phrases pour survivre à l'étranger.

Ce guide de conversation vous aidera dans la plupart des cas où vous devez demander quelque chose, trouver une direction, découvrir le prix d'un souvenir, etc. Il peut aussi résoudre des situations de communication difficile lorsque la gesticulation n'aide pas.

Le livre contient beaucoup de phrases qui ont été groupées par thèmes. Vous trouverez aussi un vocabulaire des 3000 mots les plus couramment utilisés. Une autre section du guide contient un glossaire gastronomique qui peut être utile lorsque vous faites le marché ou commandez des plats au restaurant.

Emmenez avec vous un guide de conversation "Tout ira bien!" sur la route et vous aurez un compagnon de voyage irremplaçable qui vous aidera à vous sortir de toutes les situations et vous enseignera à ne pas avoir peur de parler aux étrangers.

TABLE DES MATIÈRES

T&P Books Publishing

Collection de guides de conversation
"Tout ira bien!"

T&P Books Publishing

GUIDE DE CONVERSATION
CORÉEN

Par Andrey Taranov

LES PHRASES LES PLUS UTILES

Ce guide de conversation contient les phrases et les questions les plus communes et nécessaires pour communiquer avec des étrangers

T&P BOOKS

Guide de conversation + dictionnaire de 3000 mots

Guide de conversation Français-Coréen et vocabulaire thématique de 3000 mots

Par Andrey Taranov

La collection de guides de conversation "Tout ira bien!", publiée par T&P Books, est conçue pour les gens qui voyagent par affaire ou par plaisir. Les guides contiennent l'essentiel pour la communication de base. Il s'agit d'une série indispensable de phrases pour "survivre" à l'étranger.

Ce livre inclut un dictionnaire thématique qui contient près de 3000 des mots les plus fréquemment utilisés. Une autre section du guide contient un glossaire gastronomique qui peut être utile lorsque vous faites le marché ou commandez des plats au restaurant.

T&P Books Publishing
www.tpbooks.com

ISBN: 978-1-78616-794-1

Ce livre existe également en format électronique.
Pour plus d'informations, veuillez consulter notre site: www.tpbooks.com
ou rendez-vous sur ceux des grandes librairies en ligne.

PRONONCIATION

Lettre	Exemple en coréen	Alphabet phonétique T&P	Exemple en français

Consonnes

Lettre	Exemple en coréen	Alphabet phonétique T&P	Exemple en français
ㄱ [1]	개	[k]	bocal
ㄱ [2]	아기	[g]	gris
ㄲ	껌	[k]	[k] appuyé
ㄴ	눈	[n]	ananas
ㄷ [3]	달	[t]	tennis
ㄷ [4]	사다리	[d]	document
ㄸ	딸	[t]	[t] appuyé
ㄹ [5]	라디오	[r]	racine, rouge
ㄹ [6]	십팔	[l]	vélo
ㅁ	문	[m]	minéral
ㅂ [7]	봄	[p]	panama
ㅂ [8]	아버지	[b]	bureau
ㅃ	빵	[p]	[p] appuyé
ㅅ [9]	실	[s]	syndicat
ㅅ [10]	옷	[t]	tennis
ㅆ	쌀	[ja:]	diamant
ㅇ [11]	강	[ŋg]	anglais - single, russe - динго
ㅈ [12]	집	[tɕ]	Tchèque
ㅈ [13]	아주	[dʑ]	jean
ㅉ	짬	[tɕ]	[tch] appuyé
ㅊ	차	[tɕh]	[tsch] aspiré
ㅌ	택시	[th]	[t] aspiré
ㅋ	칼	[kh]	[k] aspiré
ㅍ	포도	[ph]	[p] aspiré
ㅎ	한국	[h]	[h] aspiré

Lettre	Exemple en coréen	Alphabet phonétique T&P	Exemple en français

Voyelles et combinaisons de voyelles

Lettre	Exemple en coréen	Alphabet phonétique T&P	Exemple en français
ㅏ	사	[a]	classe
ㅑ	향	[ja]	caviar
ㅓ	머리	[ʌ]	carotte
ㅕ	병	[jɑ]	familial
ㅗ	몸	[o]	normal
ㅛ	표	[jɔ]	pavillon
ㅜ	물	[u]	boulevard
ㅠ	슈퍼	[ju]	voyou
ㅡ	음악	[ɪ]	capital
ㅣ	길	[i], [iː]	faillite
ㅐ	뱀	[ɛ], [ɛː]	arène
ㅒ	애기	[je]	conseiller
ㅔ	펜	[e]	équipe
ㅖ	계산	[je]	conseiller
ㅘ	왕	[wa]	réservoir
ㅙ	왜	[ʊə]	trouée
ㅚ	회의	[ø], [we]	peu, web
ㅝ	권	[uɔ]	duo
ㅞ	웬	[ʊə]	trouée
ㅟ	쥐	[wi]	kiwi
ㅢ	거의	[ɰi]	combinaison [ɰi]

Remarques

[1] au début d'un mot
[2] entre des sons voisés
[3] au début d'un mot
[4] entre des sons voisés
[5] en début de syllabe
[6] en fin de syllabe
[7] au début d'un mot
[8] entre des sons voisés
[9] en début de syllabe
[10] en fin de syllabe
[11] en fin de syllabe
[12] au début d'un mot
[13] entre des sons voisés

LISTE DES ABRÉVIATIONS

Abréviations en français

adj	-	adjective
adv	-	adverbe
anim.	-	animé
conj	-	conjonction
dénombr.	-	dénombrable
etc.	-	et cetera
f	-	nom féminin
f pl	-	féminin pluriel
fam.	-	familiar
fem.	-	féminin
form.	-	formal
inanim.	-	inanimé
indénombr.	-	indénombrable
m	-	nom masculin
m pl	-	masculin pluriel
m, f	-	masculin, féminin
masc.	-	masculin
math	-	mathematics
mil.	-	militaire
pl	-	pluriel
prep	-	préposition
pron	-	pronom
qch	-	quelque chose
qn	-	quelqu'un
sing.	-	singulier
v aux	-	verbe auxiliaire
v imp	-	verbe impersonnel
vi	-	verbe intransitif
vi, vt	-	verbe intransitif, transitif
vp	-	verbe pronominal
vt	-	verbe transitif

T&P BOOKS

GUIDE DE CONVERSATION CORÉEN

Cette section contient
des phrases importantes
qui peuvent être utiles dans
des situations courantes.
Le guide vous aidera
à demander des directions,
clarifier le prix, acheter
des billets et commander
des plats au restaurant

T&P Books Publishing

CONTENU DU GUIDE
DE CONVERSATION

T&P Books Publishing

Les essentiels

Excusez-moi, ...	실례합니다, ··· sil-lye-ham-ni-da, ...
Bonjour	안녕하세요. an-nyeong-ha-se-yo.
Merci	감사합니다. gam-sa-ham-ni-da.
Au revoir	안녕히 계세요. an-nyeong-hi gye-se-yo.
Oui	네. ne.
Non	아니오. a-ni-o.
Je ne sais pas.	모르겠어요. mo-reu-ge-seo-yo.
Où? | Où? | Quand?	어디예요? | 어디까지 가세요? | 언제요? eo-di-ye-yo? | eo-di-kka-ji ga-se-yo? | eon-je-yo?

J'ai besoin de ...	··· 필요해요. ... pi-ryo-hae-yo.
Je veux ...	··· 싶어요. ... si-peo-yo.
Avez-vous ... ?	··· 있으세요? ... i-seu-se-yo?
Est-ce qu'il y a ... ici?	여기 ··· 있어요? yeo-gi ... i-seo-yo?
Puis-je ... ?	···해도 되나요? ... hae-do doe-na-yo?
s'il vous plaît (pour une demande)	···, 부탁합니다. ..., bu-tak-am-ni-da.

Je cherche ...	··· 찾고 있어요. ... chat-go i-seo-yo.
les toilettes	화장실 hwa-jang-sil
un distributeur	현금인출기 hyeon-geum-in-chul-gi
une pharmacie	약국 yak-guk
l'hôpital	병원 byeong-won
le commissariat de police	경찰서 gyeong-chal-seo

une station de métro	지하철 ji-ha-cheol
un taxi	택시 taek-si
la gare	기차역 gi-cha-yeok

Je m'appelle ...	제 이름은 … 입니다. je i-reu-meun ... im-ni-da.
Comment vous appelez-vous?	성함이 어떻게 되세요? seong-ham-i eo-tteo-ke doe-se-yo?
Aidez-moi, s'il vous plaît.	도와주세요. do-wa-ju-se-yo.
J'ai un problème.	문제가 있어요. mun-je-ga i-seo-yo.
Je ne me sens pas bien.	몸이 안 좋아요. mom-i an jo-a-yo.
Appelez une ambulance!	구급차를 불러 주세요! gu-geup-cha-reul bul-leo ju-se-yo!
Puis-je faire un appel?	전화를 써도 되나요? jeon-hwa-reul sseo-do doe-na-yo?

Excusez-moi.	죄송합니다. joe-song-ham-ni-da.
Je vous en prie.	천만에요. cheon-man-e-yo.

je, moi	저 jeo
tu, toi	너 neo
il	그 geu
elle	그녀 geu-nyeo
ils	그들 geu-deul
elles	그들 geu-deul
nous	우리 u-ri
vous	너희 neo-hui
Vous	당신 dang-sin

ENTRÉE	입구 ip-gu
SORTIE	출구 chul-gu
HORS SERVICE | EN PANNE	고장 go-jang

FERMÉ

닫힘
da-chim

OUVERT

열림
yeol-lim

POUR LES FEMMES

여성용
yeo-seong-yong

POUR LES HOMMES

남성용
nam-seong-yong

Questions

Où? (lieu)

어디예요?
eo-di-ye-yo?

Où? (direction)

어디까지 가세요?
eo-di-kka-ji ga-se-yo?

D'où?

어디에서요?
eo-di-e-seo-yo?

Pourquoi?

왜요?
wae-yo?

Pour quelle raison?

무슨 이유에서요?
mu-seun i-yu-e-seo-yo?

Quand?

언제요?
eon-je-yo?

Combien de temps?

얼마나요?
eol-ma-na-yo?

À quelle heure?

몇 시에요?
myeot si-e-yo?

C'est combien?

얼마예요?
eol-ma-ye-yo?

Avez-vous ... ?

… 있으세요?
... i-seu-se-yo?

Où est ..., s'il vous plaît?

… 어디 있어요?
... eo-di i-seo-yo?

Quelle heure est-il?

지금 몇 시예요?
ji-geum myeot si-ye-yo?

Puis-je faire un appel?

전화를 써도 되나요?
jeon-hwa-reul sseo-do doe-na-yo?

Qui est là?

누구세요?
nu-gu-se-yo?

Puis-je fumer ici?

담배를 피워도 되나요?
dam-bae-reul pi-wo-do doe-na-yo?

Puis-je ...?

… 되나요?
... doe-na-yo?

Besoins

Je voudrais ...
··· 하고 싶어요.
... ha-go si-peo-yo.

Je ne veux pas ...
··· 하기 싫어요.
... ha-gi si-reo-yo.

J'ai soif.
목이 말라요.
mo-gi mal-la-yo.

Je veux dormir.
자고 싶어요.
ja-go si-peo-yo.

Je veux ...
··· 싶어요.
... si-peo-yo.

me laver
씻고
ssit-go

brosser mes dents
이를 닦고
i-reul dak-go

me reposer un instant
쉬고
swi-go

changer de vêtements
옷을 갈아입고
os-eul ga-ra-ip-go

retourner à l'hôtel
호텔로 돌아가고
ho-tel-lo do-ra-ga-go

acheter ...
··· 사고
... sa-go

aller à ...
···에 가고
...e ga-go

visiter ...
···에 방문하고
...e bang-mun-ha-go

rencontrer ...
··· 만나고
... man-na-go

faire un appel
전화를 걸고
jeon-hwa-reul geol-go

Je suis fatigué /fatiguée/
저는 지쳤어요.
jeo-neun ji-chyeo-seo-yo.

Nous sommes fatigués /fatiguées/
우리는 지쳤어요.
u-ri-neun ji-chyeo-seo-yo.

J'ai froid.
추워요.
chu-wo-yo.

J'ai chaud.
더워요.
deo-wo-yo.

Je suis bien.
괜찮아요.
gwaen-cha-na-yo.

Il me faut faire un appel.

전화를 걸어야 해요.
jeon-hwa-reul geo-reo-ya hae-yo.

J'ai besoin d'aller aux toilettes.

화장실에 가야 해요.
hwa-jang-si-re ga-ya hae-yo.

Il faut que j'aille.

가야 해요.
ga-ya hae-yo.

Je dois partir maintenant.

지금 가야 해요.
ji-geum ga-ya hae-yo.

Comment demander la direction

Excusez-moi, ...	실례합니다, ... sil-lye-ham-ni-da, ...
Où est ..., s'il vous plaît?	... 어디 있어요? ... eo-di i-seo-yo?
Dans quelle direction est ... ?	... 어느 쪽이예요? ... eo-neu jjo-gi-ye-yo?
Pouvez-vous m'aider, s'il vous plaît ?	도와주실 수 있어요? do-wa-ju-sil su i-seo-yo?
Je cherche ...	... 찾고 있어요. ... chat-go i-seo-yo.
La sortie, s'il vous plaît?	출구를 찾고 있어요. chul-gu-reul chat-go i-seo-yo.
Je vais à ...	...에 가고 있어요. ... e ga-go i-seo-yo.
C'est la bonne direction pour ...?	...에 가는데 이 길이 맞아요? ...e ga-neun-de i gi-ri ma-ja-yo?
C'est loin?	먼가요? meon-ga-yo?
Est-ce que je peux y aller à pied?	걸어갈 수 있어요? geo-reo-gal su i-seo-yo?
Pouvez-vous me le montrer sur la carte?	지도에서 보여주실 수 있어요? ji-do-e-seo bo-yeo-ju-sil su i-seo-yo?
Montrez-moi où sommes-nous, s'il vous plaît.	지금 우리가 있는 곳을 보여주세요. ji-geum u-ri-ga in-neun gos-eul bo-yeo-ju-se-yo.
Ici	여기 yeo-gi
Là-bas	거기 geo-gi
Par ici	이 길 i gil
Tournez à droite.	오른쪽으로 가세요. o-reun-jjo-geu-ro ga-se-yo.
Tournez à gauche.	왼쪽으로 가세요. oen-jjo-geu-ro ga-se-yo.
Prenez la première (deuxième, troisième) rue.	첫 번째 (두 번째, 세 번째) 골목 cheot beon-jjae (du beon-jjae, se beon-jjae) gol-mok

à droite

오른쪽으로
o-reun-jjo-geu-ro

à gauche

왼쪽으로
oen-jjo-geu-ro

Continuez tout droit.

직진하세요.
jik-jin-ha-se-yo.

Affiches, Pancartes

BIENVENUE!	환영! hwa-nyeong!
ENTRÉE	입구 ip-gu
SORTIE	출구 chul-gu
POUSSEZ	미세요 mi-se-yo
TIREZ	당기세요 dang-gi-se-yo
OUVERT	열림 yeol-lim
FERMÉ	닫힘 da-chim
POUR LES FEMMES	여성용 yeo-seong-yong
POUR LES HOMMES	남성용 nam-seong-yong
MESSIEURS (m)	남성 (남) nam-seong (nam)
FEMMES (f)	여성 (여) yeo-seong (yeo)
RABAIS	SOLDES	할인 ha-rin
PROMOTION	세일 se-il
GRATUIT	무료 mu-ryo
NOUVEAU!	신상품! sin-sang-pum!
ATTENTION!	주의! ju-ui!
COMPLET	빈 방 없음 bin bang eop-seum
RÉSERVÉ	예약석 ye-yak-seok
ADMINISTRATION	사무실 sa-mu-sil
PERSONNEL SEULEMENT	직원 전용 ji-gwon jeo-nyong

ATTENTION AU CHIEN! 개조심!
gae-jo-sim!

NE PAS FUMER! 금연!
geu-myeon!

NE PAS TOUCHER! 만지지 마세요!
man-ji-ji ma-se-yo!

DANGEREUX 위험
wi-heom

DANGER 위험
wi-heom

HAUTE TENSION 고압 전류
go-ap jeol-lyu

BAIGNADE INTERDITE! 수영금지!
su-yeong-geum-ji!

HORS SERVICE | EN PANNE 고장
go-jang

INFLAMMABLE 가연성
ga-yeon-seong

INTERDIT 금지
geum-ji

ENTRÉE INTERDITE! 무단횡단 금지
mu-dan-hoeng-dan geum-ji

PEINTURE FRAÎCHE 젖은 페인트
jeo-jeun pe-in-teu

FERMÉ POUR TRAVAUX 공사중
gong-sa-jung

TRAVAUX EN COURS 전방 공사중
jeon-bang gong-sa-jung

DÉVIATION 우회 도로
u-hoe do-ro

Transport - Phrases générales

avion	비행기 bi-haeng-gi
train	기차 gi-cha
bus, autobus	버스 beo-seu
ferry	페리 pe-ri
taxi	택시 taek-si
voiture	자동차 ja-dong-cha
horaire	시간표 si-gan-pyo
Où puis-je voir l'horaire?	시간표는 어디서 볼 수 있어요? si-gan-pyo-neun eo-di-seo bol su i-seo-yo?
jours ouvrables	평일 pyeong-il
jours non ouvrables	주말 ju-mal
jours fériés	휴일 hyu-il
DÉPART	출발 chul-bal
ARRIVÉE	도착 do-chak
RETARDÉE	지연 ji-yeon
ANNULÉE	취소 chwi-so
prochain (train, etc.)	다음 da-eum
premier	첫 번째 cheot beon-jjae
dernier	마지막 ma-ji-mak

À quelle heure est le prochain ...?   다음 ⋯ 언제인가요?
                                        da-eum ... eon-je-in-ga-yo?

À quelle heure est le premier ...?   첫 ⋯ 언제인가요?
                                        cheot ... eon-je-in-ga-yo?

À quelle heure est le dernier ...?   마지막 ⋯ 언제인가요?
                                        ma-ji-mak ... eon-je-in-ga-yo?

---

correspondance   환승
                                        hwan-seung

prendre la correspondance   환승하다
                                        hwan-seung-ha-da

Dois-je prendre la correspondance?   환승해야 해요?
                                        hwan-seung-hae-ya hae-yo?

Acheter un billet

Où puis-je acheter des billets?	표는 어디서 사나요? pyo-neun eo-di-seo sa-na-yo?
billet	표 pyo
acheter un billet	표를 사다 pyo-reul sa-da
le prix d'un billet	표 가격 pyo ga-gyeok
Pour aller où?	어디까지 가세요? eo-di-kka-ji ga-se-yo?
Quelle destination?	어느 역까지 가세요? eo-neu yeok-kka-ji ga-se-yo?
Je voudrais ...	… 필요해요. … pi-ryo-hae-yo.
un billet	표 한 장 pyo han jang
deux billets	표 두 장 pyo du jang
trois billets	표 세 장 pyo se jang
aller simple	편도 pyeon-do
aller-retour	왕복 wang-bok
première classe	일등석 il-deung-seok
classe économique	이등석 i-deung-seok
aujourd'hui	오늘 o-neul
demain	내일 nae-il
après-demain	모레 mo-re
dans la matinée	아침에 a-chim-e
l'après-midi	오후에 o-hu-e
dans la soirée	저녁에 jeo-nyeo-ge

siège côté couloir

복도 좌석
bok-do jwa-seok

siège côté fenêtre

창가 좌석
chang-ga jwa-seok

C'est combien?

얼마예요?
eol-ma-ye-yo?

Puis-je payer avec la carte?

신용카드 돼요?
si-nyong-ka-deu dwae-yo?

L'autobus

bus, autobus	버스 beo-seu
autocar	시외버스 si-oe-beo-seu
arrêt d'autobus	버스 정류장 beo-seu jeong-nyu-jang
Où est l'arrêt d'autobus le plus proche?	가까운 버스 정류장이 어디예요? ga-kka-un beo-seu jeong-nyu-jang-i eo-di-ye-yo?

numéro	번호 beon-ho
Quel bus dois-je prendre pour aller à ...?	…에 가려면 어느 버스를 타야 해요? ... e ga-ryeo-myeon eo-neu beo-seu-reul ta-ya hae-yo?
Est-ce que ce bus va à ...?	이 버스 … 가요? i beo-seu ... ga-yo?
L'autobus passe tous les combien?	버스는 얼마나 자주 와요? beo-seu-neun eol-ma-na ja-ju wa-yo?

chaque quart d'heure	십오 분 마다 si-bo bun ma-da
chaque demi-heure	삼십 분 마다 sam-sip bun ma-da
chaque heure	한 시간 마다 han si-gan ma-da
plusieurs fois par jour	하루에 여러 번 ha-ru-e yeo-reo beon
... fois par jour	하루에 …번 ha-ru-e ...beon

horaire	시간표 si-gan-pyo
Où puis-je voir l'horaire?	시간표는 어디서 볼 수 있어요? si-gan-pyo-neun eo-di-seo bol su i-seo-yo?
À quelle heure passe le prochain bus?	다음 버스는 언제인가요? da-eum beo-seu-neun eon-je-in-ga-yo?
À quelle heure passe le premier bus?	첫 버스는 언제인가요? cheot beo-seu-neun eon-je-in-ga-yo?

À quelle heure passe le dernier bus?

마지막 버스는
언제인가요?
ma-ji-mak beo-seu-neun
eon-je-in-ga-yo?

arrêt

정류장
jeong-nyu-jang

prochain arrêt

다음 정류장
da-eum jeong-nyu-jang

terminus

종점
jong-jeom

Pouvez-vous arrêter ici, s'il vous plaît.

여기에 세워 주세요.
yeo-gi-e se-wo ju-se-yo.

Excusez-moi, c'est mon arrêt.

실례합니다, 저 여기서
내려요.
sil-lye-ham-ni-da, jeo yeo-gi-seo
nae-ryeo-yo.

Train

train	기차 gi-cha
train de banlieue	교외 전차 gyo-oe jeon-cha
train de grande ligne	장거리 기차 jang-geo-ri gi-cha
la gare	기차역 gi-cha-yeok
Excusez-moi, où est la sortie vers les quais?	실례합니다, 플랫폼으로 가는 출구가 어디인가요? sil-lye-ham-ni-da, peul-laet-po-meu-ro ga-neun chul-gu-ga eo-di-in-ga-yo?

Est-ce que ce train va à ...?	이 기차 ···에 가요? i gi-cha ...e ga-yo?
le prochain train	다음 기차 da-eum gi-cha
À quelle heure est le prochain train?	다음 기차는 언제인가요? da-eum gi-cha-neun eon-je-in-ga-yo?
Où puis-je voir l'horaire?	시간표는 어디서 볼 수 있어요? si-gan-pyo-neun eo-di-seo bol su i-seo-yo?
De quel quai?	어느 플랫폼에서 출발해요? eo-neu peul-laet-pom-e-seo chul-bal-hae-yo?
À quelle heure arrive le train à ...?	기차가 ···에 언제 도착해요? gi-cha-ga ...e eon-je do-chak-ae-yo?

Pouvez-vous m'aider, s'il vous plaît?	도와주세요. do-wa-ju-se-yo.
Je cherche ma place.	제 좌석을 찾고 있어요. je jwa-seo-geul chat-go i-seo-yo.
Nous cherchons nos places.	우리 좌석을 찾고 있어요. u-ri jwa-seo-geul chat-go i-seo-yo.

Ma place est occupée.	제 좌석에 다른 사람이 있어요. je jwa-seo-ge da-reun sa-ram-i i-seo-yo.
Nos places sont occupées.	우리 좌석에 다른 사람이 있어요. u-ri jwa-seo-ge da-reun sa-ram-i i-seo-yo.

Excusez-moi, mais c'est ma place.

죄송하지만 여긴 제
좌석이에요.
joe-song-ha-ji-man nyeo-gin je
jwa-seo-gi-ye-yo.

Est-ce que cette place est libre?

이 좌석 비었나요?
i jwa-seok bi-eon-na-yo?

Puis-je m'asseoir ici?

여기 앉아도 되나요?
yeo-gi an-ja-do doe-na-yo?

Sur le train - Dialogue (Pas de billet)

Votre billet, s'il vous plaît.
표 보여주세요.
pyo bo-yeo-ju-se-yo.

Je n'ai pas de billet.
표가 없어요.
pyo-ga eop-seo-yo.

J'ai perdu mon billet.
표를 잃어버렸어요.
pyo-reul ri-reo-beo-ryeo-seo-yo.

J'ai oublié mon billet à la maison.
표를 집에 두고 왔어요.
pyo-reul ji-be du-go wa-seo-yo.

Vous pouvez m'acheter un billet.
저한테 표를 사실 수 있어요.
jeo-han-te pyo-reul sa-sil su i-seo-yo.

Vous devrez aussi payer une amende.
벌금도 내셔야 해요.
beol-geum-do nae-syeo-ya hae-yo.

D'accord.
알았어요.
a-ra-seo-yo.

Où allez-vous?
어디까지 가세요?
eo-di-kka-ji ga-se-yo?

Je vais à ...
···에 가고 있어요.
... e ga-go i-seo-yo.

Combien? Je ne comprend pas.
얼마예요? 못 알아들었어요.
eol-ma-ye-yo? mot a-ra-deu-reo-seo-yo.

Pouvez-vous l'écrire, s'il vous plaît.
적어 주세요.
jeo-geo ju-se-yo.

D'accord. Puis-je payer avec la carte?
알았어요. 신용카드 돼요?
a-ra-seo-yo. si-nyong-ka-deu dwae-yo?

Oui, bien sûr.
네, 돼요.
ne, dwae-yo.

Voici votre reçu.
영수증 여기 있어요.
yeong-su-jeung yeo-gi i-seo-yo.

Désolé pour l'amende.
벌금을 내게 되어서
유감이에요.
beol-geu-meul lae-ge doe-eo-seo
yu-gam-i-ye-yo.

Ça va. C'est de ma faute.
괜찮아요. 제 잘못이에요.
gwaen-cha-na-yo. je jal-mo-si-ye-yo.

Bon voyage.
즐거운 여행 되세요.
jeul-geo-un nyeo-haeng doe-se-yo.

Taxi

taxi	택시 taek-si
chauffeur de taxi	택시 운전사 taek-si un-jeon-sa
prendre un taxi	택시를 잡다 taek-si-reul jap-da
arrêt de taxi	택시 정류장 taek-si jeong-nyu-jang
Où puis-je trouver un taxi?	어디서 택시를 탈 수 있어요? eo-di-seo taek-si-reul tal su i-seo-yo?
appeler un taxi	택시를 부르다. taek-si-reul bu-reu-da.
Il me faut un taxi.	택시가 필요해요. taek-si-ga pi-ryo-hae-yo.
maintenant	지금 당장. ji-geum dang-jang.
Quelle est votre adresse?	주소가 어디예요? ju-so-ga eo-di-ye-yo?
Mon adresse est ...	제 주소는 …예요. je ju-so-neun ...ye-yo.
Votre destination?	목적지가 어디예요? mok-jeok-ji-ga eo-di-ye-yo?
Excusez-moi, ...	실례합니다, … sil-lye-ham-ni-da, ...
Vous êtes libre ?	타도 돼요? ta-do dwae-yo?
Combien ça coûte pour aller à ...?	…까지 얼마예요? ...kka-ji eol-ma-ye-yo?
Vous savez où ça se trouve?	여기가 어딘지 아세요? yeo-gi-ga eo-din-ji a-se-yo?
À l'aéroport, s'il vous plaît.	공항까지 가 주세요. gong-hang-kka-ji ga ju-se-yo.
Arrêtez ici, s'il vous plaît.	여기에 세워 주세요. yeo-gi-e se-wo ju-se-yo.
Ce n'est pas ici.	여기가 아니예요. yeo-gi-ga a-ni-ye-yo.
C'est la mauvaise adresse.	잘못된 주소예요. jal-mot-doen ju-so-ye-yo.
tournez à gauche	왼쪽으로 가세요. oen-jjo-geu-ro ga-se-yo.
tournez à droite	오른쪽으로 가세요. o-reun-jjo-geu-ro ga-se-yo.

Combien je vous dois?	얼마 내야 해요? eol-ma nae-ya hae-yo?
J'aimerais avoir un reçu, s'il vous plaît.	영수증 주세요. yeong-su-jeung ju-se-yo.
Gardez la monnaie.	잔돈은 가지세요. jan-do-neun ga-ji-se-yo.

Attendez-moi, s'il vous plaît …	기다려 주시겠어요? gi-da-ryeo ju-si-ge-seo-yo?
cinq minutes	오분 o-bun
dix minutes	십분 sip-bun
quinze minutes	십오 분 si-bo bun
vingt minutes	이십분 i-sip-bun
une demi-heure	삼십분 sam-sip bun

Hôtel

Bonjour.
안녕하세요.
an-nyeong-ha-se-yo.

Je m'appelle ...
제 이름은 ··· 입니다.
je i-reu-meun ... im-ni-da.

J'ai réservé une chambre.
예약했어요.
ye-yak-ae-seo-yo.

Je voudrais ...
··· 필요해요.
... pi-ryo-hae-yo.

une chambre simple
싱글 룸 하나
sing-geul lum ha-na

une chambre double
더블 룸 하나
deo-beul lum ha-na

C'est combien?
저건 얼마예요?
jeo-geon eol-ma-ye-yo?

C'est un peu cher.
그건 조금 비싸요.
geu-geon jo-geum bi-ssa-yo.

Avez-vous autre chose?
다른 옵션 있어요?
da-reun op-syeon i-seo-yo?

Je vais la prendre.
그걸로 할게요.
geu-geol-lo hal-ge-yo.

Je vais payer comptant.
현금으로 낼게요.
hyeon-geu-meu-ro nael-ge-yo.

J'ai un problème.
문제가 있어요
mun-je-ga i-seo-yo

Mon ... est cassé /Ma ... est cassée/
제 ··· 망가졌어요.
je ... mang-ga-jyeo-seo-yo.

Mon /Ma/ ... ne fonctionne pas.
제 ··· 고장났어요.
je ... go-jang-na-seo-yo.

télé
텔레비전
tel-le-bi-jeon

air conditionné
에어컨
e-eo-keon

robinet
수도꼭지
su-do-kkok-ji

douche
샤워기
sya-wo-gi

évier
세면대
se-myeon-dae

coffre-fort
금고
geum-go

serrure de porte	도어락 do-eo-rak
prise électrique	콘센트 kon-sen-teu
sèche-cheveux	헤어 드라이어 he-eo deu-ra-i-eo

Je n'ai pas ...	··· 안 나와요. ... an na-wa-yo.
d'eau	물 mul
de lumière	전등 jeon-deung
d'électricité	전기 jeon-gi

Pouvez-vous me donner ...?	··· 주실 수 있어요? ... ju-sil su i-seo-yo?
une serviette	수건 su-geon
une couverture	담요 da-myo
des pantoufles	슬리퍼 seul-li-peo

une robe de chambre	가운 ga-un
du shampoing	샴푸 syam-pu
du savon	비누 bi-nu

Je voudrais changer ma chambre.	방을 바꾸고 싶어요. bang-eul ba-kku-go si-peo-yo.
Je ne trouve pas ma clé.	열쇠를 못 찾겠어요. yeol-soe-reul mot chat-ge-seo-yo.
Pourriez-vous ouvrir ma chambre, s'il vous plaît?	제 방 문을 열어주실 수 있어요? je bang mu-neul ryeo-reo-ju-sil su i-seo-yo?
Qui est là?	누구세요? nu-gu-se-yo?

Entrez!	들어오세요! deu-reo-o-se-yo!
Une minute!	잠깐만요! jam-kkan-ma-nyo!

Pas maintenant, s'il vous plaît.	지금 당장은 안돼요. ji-geum dang-jang-eun an-dwae-yo.
Pouvez-vous venir à ma chambre, s'il vous plaît.	제 방으로 와 주세요. je bang-eu-ro wa ju-se-yo.

J'aimerais avoir le service d'étage.	룸서비스를 받고 싶어요. rum-seo-bi-seu-reul bat-go si-peo-yo.
Mon numéro de chambre est le ...	제 방 번호는 ···예요. je bang beon-ho-neun ...ye-yo.
Je pars ...	저는 ···에 떠나요. jeo-neun ... e tteo-na-yo.
Nous partons ...	우리는 ···에 떠나요. u-ri-neun ...e tteo-na-yo.
maintenant	지금 당장 ji-geum dang-jang
cet après-midi	오늘 오후 o-neul ro-hu
ce soir	오늘밤 o-neul-bam
demain	내일 nae-il
demain matin	내일 아침 nae-il ra-chim
demain après-midi	내일 저녁 nae-il jeo-nyeok
après-demain	모레 mo-re

Je voudrais régler mon compte.	계산하고 싶어요. gye-san-ha-go si-peo-yo.
Tout était merveilleux.	전부 다 아주 좋았어요. jeon-bu da a-ju jo-a-seo-yo.
Où puis-je trouver un taxi?	어디서 택시를 탈 수 있어요? eo-di-seo taek-si-reul tal su i-seo-yo?
Pourriez-vous m'appeler un taxi, s'il vous plaît?	택시 불러주실 수 있어요? taek-si bul-leo-ju-sil su i-seo-yo?

Restaurant

Puis-je voir le menu, s'il vous plaît?
메뉴판 볼 수 있어요?
me-nyu-pan bol su i-seo-yo?

Une table pour une personne.
한 명이요.
han myeong-i-yo.

Nous sommes deux (trois, quatre).
두 (세, 네) 명이요.
du (se, ne) myeong-i-yo.

Fumeurs
흡연
heu-byeon

Non-fumeurs
금연
geu-myeon

S'il vous plaît!
저기요!
jeo-gi-yo!

menu
메뉴판
me-nyu-pan

carte des vins
와인 리스트
wa-in li-seu-teu

Le menu, s'il vous plaît.
메뉴판 주세요.
me-nyu-pan ju-se-yo.

Êtes-vous prêts à commander?
주문하시겠어요?
ju-mun-ha-si-ge-seo-yo?

Qu'allez-vous prendre?
어떤 걸로 하시겠어요?
eo-tteon geol-lo ha-si-ge-seo-yo?

Je vais prendre ...
저는 … 할게요.
jeo-neun ... hal-ge-yo.

Je suis végétarien.
저는 채식주의자예요.
jeo-neun chae-sik-ju-ui-ja-ye-yo.

viande
고기
go-gi

poisson
생선
saeng-seon

légumes
채소
chae-so

Avez-vous des plats végétariens?
채식 메뉴 있어요?
chae-sik me-nyu i-seo-yo?

Je ne mange pas de porc.
돼지고기 못 먹어요.
dwae-ji-go-gi mot meo-geo-yo.

Il /elle/ ne mange pas de viande.
그는 /그녀는/ 고기 못
드세요.
geu-neun /geu-nyeo-neun/ go-gi mot
deu-se-yo.

Je suis allergique à ...
저 …에 알러지 있어요.
jeo ...e al-leo-ji i-seo-yo.

Pourriez-vous m'apporter ...,
s'il vous plaît.
… 가져다 주시겠어요?
... ga-jyeo-da ju-si-ge-seo-yo?

le sel | le poivre | du sucre
소금 | 후추 | 설탕
so-geum | hu-chu | seol-tang

un café | un thé | un dessert
커피 | 차 | 디저트
keo-pi | cha | di-jeo-teu

de l'eau | gazeuse | plate
물 | 탄산수 | 생수
mul | tan-san-su | saeng-su

une cuillère | une fourchette | un couteau
숟가락 | 포크 | 나이프
sut-ga-rak | po-keu | na-i-peu

une assiette | une serviette
앞접시 | 휴지
ap-jeop-si | hyu-ji

Bon appétit!
맛있게 드세요!
man-nit-ge deu-se-yo!

Un de plus, s'il vous plaît.
하나 더 주세요.
ha-na deo ju-se-yo.

C'était délicieux.
아주 맛있었어요.
a-ju man-ni-seo-seo-yo.

---

l'addition | de la monnaie | le pourboire
계산서 | 거스름돈 | 팁
gye-san-seo | geo-seu-reum-don | tip

L'addition, s'il vous plaît.
계산서 주세요.
gye-san-seo ju-se-yo.

Puis-je payer avec la carte?
신용카드 돼요?
si-nyong-ka-deu dwae-yo?

Excusez-moi, je crois qu'il y a une
erreur ici.
죄송한데 여기
잘못됐어요.
joe-song-han-de yeo-gi
jal-mot-dwae-seo-yo.

Shopping. Faire les Magasins

Est-ce que je peux vous aider?	도와드릴까요? do-wa-deu-ril-kka-yo?
Avez-vous … ?	… 있으세요? … i-seu-se-yo?
Je cherche …	… 찾고 있어요. … chat-go i-seo-yo.
Il me faut …	… 필요해요. … pi-ryo-hae-yo.

Je regarde seulement, merci.	그냥 구경중이에요. geu-nyang gu-gyeong-jung-i-ye-yo.
Nous regardons seulement, merci.	우리 그냥 구경중이에요. u-ri geu-nyang gu-gyeong-jung-i-ye-yo.
Je reviendrai plus tard.	나중에 다시 올게요. na-jung-e da-si ol-ge-yo.
On reviendra plus tard.	우리 나중에 다시 올게요. u-ri na-jung-e da-si ol-ge-yo.
Rabais	Soldes	할인	세일 ha-rin	se-il

Montrez-moi, s'il vous plaît …	… 보여주세요. … bo-yeo-ju-se-yo.
Donnez-moi, s'il vous plaît …	… 주세요. … ju-se-yo.
Est-ce que je peux l'essayer?	입어봐도 돼요? i-beo-bwa-do dwae-yo?
Excusez-moi, où est la cabine d'essayage?	실례합니다, 피팅 룸 어디 있어요? sil-lye-ham-ni-da, pi-ting num eo-di i-seo-yo?
Quelle couleur aimeriez-vous?	다른 색도 있어요? da-reun saek-do i-seo-yo?
taille	longueur	사이즈	길이 sa-i-jeu	gi-ri
Est-ce que la taille convient ?	이거 저한테 맞아요? i-geo jeo-han-te ma-ja-yo?

Combien ça coûte?	얼마예요? eol-ma-ye-yo?
C'est trop cher.	너무 비싸요. neo-mu bi-ssa-yo.
Je vais le prendre.	그걸로 할게요. geu-geol-lo hal-ge-yo.

Excusez-moi, où est la caisse?

실례합니다, 계산 어디서
해요?
sil-lye-ham-ni-da, gye-san eo-di-seo
hae-yo?

Payerez-vous comptant ou par
carte de crédit?

현금으로 하시겠어요
카드로 하시겠어요?
hyeon-geu-meu-ro ha-si-ge-seo-yo
ka-deu-ro ha-si-ge-seo-yo?

Comptant | par carte de crédit

현금으로요 | 카드로요
hyeon-geu-meu-ro-yo | ka-deu-ro-yo

Voulez-vous un reçu?

영수증 드릴까요?
yeong-su-jeung deu-ril-kka-yo?

Oui, s'il vous plaît.

네, 주세요.
ne, ju-se-yo.

Non, ce n'est pas nécessaire.

아니오, 괜찮아요.
a-ni-o, gwaen-cha-na-yo.

Merci. Bonne journée!

감사합니다. 즐거운 하루
되세요!
gam-sa-ham-ni-da. jeul-geo-un ha-ru
doe-se-yo!

En ville

Excusez-moi, ...	실례합니다, 저기요. sil-lye-ham-ni-da, jeo-gi-yo.
Je cherche ...	... 찾고 있어요. ... chat-go i-seo-yo.
le métro	지하철 ji-ha-cheol
mon hôtel	제 호텔 je ho-tel
le cinéma	영화관 yeong-hwa-gwan
un arrêt de taxi	택시 정류장 taek-si jeong-nyu-jang

un distributeur	현금인출기 hyeon-geum-in-chul-gi
un bureau de change	환전소 hwan-jeon-so
un café internet	피씨방 pi-ssi-bang
la rue ...	...로 ...ro
cette place-ci	여기 yeo-gi

Savez-vous où se trouve ...?	... 어디인지 아세요? ... eo-di-in-ji a-se-yo?
Quelle est cette rue?	여기가 어디예요? yeo-gi-ga eo-di-ye-yo?
Montrez-moi où sommes-nous, s'il vous plaît.	지금 우리가 있는 곳을 보여주세요. ji-geum u-ri-ga in-neun gos-eul bo-yeo-ju-se-yo.
Est-ce que je peux y aller à pied?	걸어갈 수 있어요? geo-reo-gal su i-seo-yo?
Avez-vous une carte de la ville?	시내 지도 있어요? si-nae ji-do i-seo-yo?

C'est combien pour un ticket?	입장권 얼마예요? ip-jang-gwon eol-ma-ye-yo?
Est-ce que je peux faire des photos?	사진 찍어도 돼요? sa-jin jji-geo-do dwae-yo?
Êtes-vous ouvert?	열었어요? yeo-reo-seo-yo?

À quelle heure ouvrez-vous?

언제 열어요?
eon-je yeo-reo-yo?

À quelle heure fermez-vous?

언제 닫아요?
eon-je da-da-yo?

L'argent

argent	돈 don
argent liquide	현금 hyeon-geum
des billets	지폐 ji-pye
petite monnaie	동전 dong-jeon
l'addition | de la monnaie | le pourboire	계산서 | 거스름돈 | 팁 gye-san-seo | geo-seu-reum-don | tip
carte de crédit	카드 ka-deu
portefeuille	지갑 ji-gap
acheter	사다 sa-da
payer	내다 nae-da
amende	벌금 beol-geum
gratuit	무료 mu-ryo
Où puis-je acheter … ?	… 어디서 살 수 있어요? … eo-di-seo sal su i-seo-yo?
Est-ce que la banque est ouverte en ce moment?	은행 지금 열었어요? eun-haeng ji-geum myeo-reo-seo-yo?
À quelle heure ouvre-t-elle?	언제 열어요? eon-je yeo-reo-yo?
À quelle heure ferme-t-elle?	언제 닫아요? eon-je da-da-yo?
C'est combien?	얼마예요? eol-ma-ye-yo?
Combien ça coûte?	이건 얼마예요? i-geon eol-ma-ye-yo?
C'est trop cher.	너무 비싸요. neo-mu bi-ssa-yo.
Excusez-moi, où est la caisse?	실례합니다, 계산 어디서 해요? sil-lye-ham-ni-da, gye-san eo-di-seo hae-yo?

L'addition, s'il vous plaît.

계산서 주세요.
gye-san-seo ju-se-yo.

Puis-je payer avec la carte?

신용카드 돼요?
si-nyong-ka-deu dwae-yo?

Est-ce qu'il y a un distributeur ici?

여기 현금인출기 있어요?
yeo-gi hyeon-geum-in-chul-gi i-seo-yo?

Je cherche un distributeur.

현금 인출기를 찾고
있어요.
hyeon-geum in-chul-gi-reul chat-go
i-seo-yo.

Je cherche un bureau de change.

환전소 찾고 있어요.
hwan-jeon-so chat-go i-seo-yo.

Je voudrais changer ...

··· 환전하고 싶어요.
... hwan-jeon-ha-go si-peo-yo.

Quel est le taux de change?

환율 얼마예요?
hwa-nyul reol-ma-ye-yo?

Avez-vous besoin de mon passeport?

여권 필요해요?
yeo-gwon pi-ryo-hae-yo?

Le temps

Quelle heure est-il?	지금 몇 시예요? ji-geum myeot si-ye-yo?
Quand?	언제요? eon-je-yo?

À quelle heure?	몇 시예요? myeot si-e-yo?
maintenant | plus tard | après …	지금 | 나중에 | … 이후에 ji-geum | na-jung-e | … i-hu-e

une heure	한 시 han si
une heure et quart	한 시 십오 분 han si si-bo bun
une heure et demie	한 시 삼십 분 han si sam-sip bun
deux heures moins quart	한 시 사십오 분 han si sa-si-bo bun

un | deux | trois	한 | 두 | 세 han | du | se
quatre | cinq | six	네 | 다섯 | 여섯 ne | da-seot | yeo-seot
sept | huit | neuf	일곱 | 여덟 | 아홉 il-gop | yeo-deol | a-hop
dix | onze | douze	열 | 열한 | 열두 yeol | yeol-han | yeol-du

dans …	… 안에 … an-e
cinq minutes	오분 o-bun
dix minutes	십분 sip-bun
quinze minutes	십오분 si-bo bun
vingt minutes	이십분 i-sip-bun

une demi-heure	삼십분 sam-sip bun
une heure	한 시간 han si-gan

dans la matinée	아침에 a-chim-e
tôt le matin	아침 일찍 a-chim il-jjik
ce matin	오늘 아침 o-neul ra-chim
demain matin	내일 아침 nae-il ra-chim
à midi	한낮에 han-na-je
dans l'après-midi	오후에 o-hu-e
dans la soirée	저녁에 jeo-nyeo-ge
ce soir	오늘밤 o-neul-bam
la nuit	밤에 bam-e
hier	어제 eo-je
aujourd'hui	오늘 o-neul
demain	내일 nae-il
après-demain	모레 mo-re
Quel jour sommes-nous aujourd'hui?	오늘이 무슨 요일이에요? o-neu-ri mu-seun nyo-i-ri-ye-yo?
Nous sommes ...	··· 예요. … ye-yo.
lundi	월요일 wo-ryo-il
mardi	화요일 hwa-yo-il
mercredi	수요일 su-yo-il
jeudi	목요일 mo-gyo-il
vendredi	금요일 geu-myo-il
samedi	토요일 to-yo-il
dimanche	일요일 i-ryo-il

Salutations - Introductions

Bonjour.

안녕하세요.
an-nyeong-ha-se-yo.

Enchanté /Enchantée/

만나서 기쁩니다.
man-na-seo gi-ppeum-ni-da.

Moi aussi.

저도요.
jeo-do-yo.

Je voudrais vous présenter ...

… 소개합니다.
… so-gae-ham-ni-da.

Ravi /Ravie/ de vous rencontrer.

만나서 반갑습니다.
man-na-seo ban-gap-seum-ni-da.

Comment allez-vous?

잘 지내셨어요?
jal ji-nae-syeo-seo-yo?

Je m'appelle ...

제 이름은 … 입니다.
je i-reu-meun ... im-ni-da.

Il s'appelle ...

그의 이름은 … 예요.
geu-ui i-reu-meun ... ye-yo.

Elle s'appelle ...

그녀의 이름은 … 예요.
geu-nyeo-ui i-reu-meun ... ye-yo.

Comment vous appelez-vous?

성함이 어떻게 되세요?
seong-ham-i eo-tteo-ke doe-se-yo?

Quel est son nom?

그분 성함이 뭐예요?
geu-bun seong-ham-i mwo-ye-yo?

Quel est son nom?

그분 성함이 뭐예요?
geu-bun seong-ham-i mwo-ye-yo?

Quel est votre nom de famille?

성이 어떻게 되세요?
seong-i eo-tteo-ke doe-se-yo?

Vous pouvez m'appeler ...

… 라고 불러 주세요.
… ra-go bul-leo ju-se-yo.

D'où êtes-vous?

어디서 오셨어요?
eo-di-seo o-syeo-seo-yo?

Je suis de ...

… 에서 왔어요.
… e-seo wa-seo-yo.

Qu'est-ce que vous faites dans la vie?

무슨 일 하세요?
mu-seun il ha-se-yo?

Qui est-ce?

이 분은 누구세요?
i bu-neun nu-gu-se-yo?

Qui est-il?

그 분은 누구세요?
geu bu-neun nu-gu-se-yo?

Qui est-elle?

그 분은 누구세요?
geu bu-neun nu-gu-se-yo?

Qui sont-ils?	그 분들은 누구세요? geu bun-deu-reun nu-gu-se-yo?
C'est ...	이 쪽은 … 예요. i jjo-geun ... ye-yo.
mon ami	제 친구 je chin-gu
mon amie	제 친구 je chin-gu
mon mari	제 남편 je nam-pyeon
ma femme	제 아내 je a-nae
mon père	제 아버지 je a-beo-ji
ma mère	제 어머니 je eo-meo-ni
mon fils	제 아들 je a-deul
ma fille	제 딸 je ttal
C'est notre fils.	이 쪽은 우리 아들이에요. i jjo-geun u-ri a-deu-ri-ye-yo.
C'est notre fille.	이 쪽은 우리 딸이에요. i jjo-geun u-ri tta-ri-ye-yo.
Ce sont mes enfants.	이 쪽은 제 아이들이에요. i jjo-geun je a-i-deu-ri-ye-yo.
Ce sont nos enfants.	이 쪽은 우리 아이들이에요. i jjo-geun u-ri a-i-deu-ri-ye-yo.

Les adieux

Au revoir!	안녕히 계세요! an-nyeong-hi gye-se-yo!
Salut!	안녕! an-nyeong!
À demain.	내일 만나요. nae-il man-na-yo.
À bientôt.	곧 만나요. got man-na-yo.
On se revoit à sept heures.	일곱 시에 만나요. il-gop si-e man-na-yo.
Amusez-vous bien!	재밌게 놀아! jae-mit-ge no-ra!
On se voit plus tard.	나중에 봐. na-jung-e bwa.
Bonne fin de semaine.	주말 잘 보내. ju-mal jal bo-nae.
Bonne nuit.	안녕히 주무세요. an-nyeong-hi ju-mu-se-yo.
Il est l'heure que je parte.	갈 시간이에요. gal si-gan-i-ye-yo.
Je dois m'en aller.	가야 해요. ga-ya hae-yo.
Je reviens tout de suite.	금방 다시 올게요. geum-bang da-si ol-ge-yo.
Il est tard.	늦었어요. neu-jeo-seo-yo.
Je dois me lever tôt.	일찍 일어나야 해요. il-jjik gi-reo-na-ya hae-yo.
Je pars demain.	내일 떠나요. nae-il tteo-na-yo.
Nous partons demain.	우리는 내일 떠나요. u-ri-neun nae-il tteo-na-yo.
Bon voyage!	즐거운 여행 되세요! jeul-geo-un nyeo-haeng doe-se-yo!
Enchanté de faire votre connaissance.	만나서 반가웠어요. man-na-seo ban-ga-wo-seo-yo.
Heureux /Heureuse/ d'avoir parlé avec vous.	이야기하느라 즐거웠어요. i-ya-gi-ha-neu-ra jeul-geo-wo-seo-yo.
Merci pour tout.	전부 다 감사합니다. jeon-bu da gam-sa-ham-ni-da.

Je me suis vraiment amusé /amusée/   아주 즐거웠어요.
a-ju jeul-geo-wo-seo-yo.

Nous nous sommes vraiment
amusés /amusées/   우리는 아주 즐거웠어요.
u-ri-neun a-ju jeul-geo-wo-seo-yo.

C'était vraiment plaisant.   정말 멋졌어요.
jeong-mal meot-jyeo-seo-yo.

Vous allez me manquer.   보고 싶을 거예요.
bo-go si-peul geo-ye-yo.

Vous allez nous manquer.   우리는 당신이 보고 싶을
거예요.
u-ri-neun dang-sin-i bo-go si-peul
geo-ye-yo.

Bonne chance!   행운을 빌어!
haeng-u-neul bi-reo!

Mes salutations à …   … 에게 안부 전해 주세요.
… e-ge an-bu jeon-hae ju-se-yo.

Une langue étrangère

Je ne comprends pas.	못 알아들었어요. mot a-ra-deu-reo-seo-yo.
Écrivez-le, s'il vous plaît.	적어 주세요. jeo-geo ju-se-yo.
Parlez-vous ...?	··· 하실 수 있어요? ... ha-sil su i-seo-yo?
Je parle un peu ...	저는 ··· 조금 할 수 있어요. jeo-neun ... jo-geum hal su i-seo-yo.
anglais	영어 yeong-eo
turc	터키어 teo-ki-eo
arabe	아랍어 a-ra-beo
français	프랑스어 peu-rang-seu-eo
allemand	독일어 do-gi-reo
italien	이탈리아어 i-tal-li-a-eo
espagnol	스페인어 seu-pe-in-eo
portugais	포르투갈어 po-reu-tu-ga-reo
chinois	중국어 jung-gu-geo
japonais	일본어 il-bon-eo
Pouvez-vous le répéter, s'il vous plaît.	다시 한 번 말해 주세요. da-si han beon mal-hae ju-se-yo.
Je comprends.	알아들었어요. a-ra-deu-reo-seo-yo.
Je ne comprends pas.	못 알아들었어요. mot a-ra-deu-reo-seo-yo.
Parlez plus lentement, s'il vous plaît.	좀 더 천천히 말해 주세요. jom deo cheon-cheon-hi mal-hae ju-se-yo.

Est-ce que c'est correct?	이거 맞아요? i-geo ma-ja-yo?
Qu'est-ce que c'est?	이게 뭐예요? i-ge mwo-ye-yo?

Les excuses

Excusez-moi, s'il vous plaît.	실례합니다, 저기요. sil-lye-ham-ni-da, jeo-gi-yo.
Je suis désolé /désolée/	죄송합니다. joe-song-ham-ni-da.
Je suis vraiment /désolée/	정말 죄송합니다. jeong-mal joe-song-ham-ni-da.
Désolé /Désolée/, c'est ma faute.	죄송해요, 제 잘못이에요. joe-song-hae-yo, je jal-mo-si-ye-yo.
Au temps pour moi.	제 실수예요. je sil-su-ye-yo.
Puis-je … ?	…해도 되나요? … hae-do doe-na-yo?
Ça vous dérange si je …?	…해도 괜찮으세요? …hae-do gwaen-cha-neu-se-yo?
Ce n'est pas grave.	괜찮아요. gwaen-cha-na-yo.
Ça va.	괜찮아요. gwaen-cha-na-yo.
Ne vous inquiétez pas.	걱정하지 마세요. geok-jeong-ha-ji ma-se-yo.

Les accords

Oui

네.
ne.

Oui, bien sûr.

네, 물론입니다.
ne, mul-lon-im-ni-da.

Bien.

좋아요.
jo-a-yo.

Très bien.

아주 좋아요.
a-ju jo-a-yo.

Bien sûr!

당연합니다!
dang-yeon-ham-ni-da!

Je suis d'accord.

동의해요.
dong-ui-hae-yo.

C'est correct.

정확해요.
jeong-hwak-ae-yo.

C'est exact.

그게 맞아요.
geu-ge ma-ja-yo.

Vous avez raison.

당신이 맞아요.
dang-sin-i ma-ja-yo.

Je ne suis pas contre.

저는 신경 쓰지 않아요.
jeo-neun sin-gyeong sseu-ji a-na-yo.

Tout à fait correct.

확실히 맞아요.
hwak-sil-hi ma-ja-yo.

C'est possible.

가능해요.
ga-neung-hae-yo.

C'est une bonne idée.

좋은 생각이에요.
jo-eun saeng-ga-gi-ye-yo.

Je ne peux pas dire non.

아니라고 할 수 없어요.
a-ni-ra-go hal su eop-seo-yo.

J'en serai ravi /ravie/

기쁘게 할게요.
gi-ppeu-ge hal-ge-yo.

Avec plaisir.

기꺼이요.
gi-kkeo-i-yo.

Refus, exprimer le doute

Non	아니오. a-ni-o.
Absolument pas.	절대 아니예요. jeol-dae a-ni-ye-yo.
Je ne suis pas d'accord.	동의할 수 없어요. dong-ui-hal su eop-seo-yo.
Je ne le crois pas.	그렇게 생각 안 해요. geu-reo-ke saeng-gak gan hae-yo.
Ce n'est pas vrai.	그렇지 않아요. geu-reo-chi a-na-yo.

Vous avez tort.	틀렸어요. teul-lyeo-seo-yo.
Je pense que vous avez tort.	틀리신 거 같아요. teul-li-sin geo ga-ta-yo.
Je ne suis pas sûr /sûre/	잘 모르겠어요. jal mo-reu-ge-seo-yo.
C'est impossible.	불가능해요. bul-ga-neung-hae-yo.
Pas du tout!	그럴 리가요! geu-reol li-ga-yo!

Au contraire!	정 반대예요. jeong ban-dae-ye-yo.
Je suis contre.	저는 반대예요. jeo-neun ban-dae-ye-yo.
Ça m'est égal.	저는 신경 안 써요. jeo-neun sin-gyeong an sseo-yo.
Je n'ai aucune idée.	모르겠어요. mo-reu-ge-seo-yo.
Je doute que cela soit ainsi.	그건 아닌 것 같아요. geu-geon a-nin geot ga-ta-yo.

Désolé /Désolée/, je ne peux pas.	죄송합니다. 못 해요. joe-song-ham-ni-da. mot tae-yo.
Désolé /Désolée/, je ne veux pas.	죄송합니다. 하기 싫어요. joe-song-ham-ni-da. ha-gi si-reo-yo.

Merci, mais ça ne m'intéresse pas.	감사합니다, 하지만 필요 없어요. gam-sa-ham-ni-da, ha-ji-man pi-ryo eop-seo-yo.
Il se fait tard.	좀 늦었네요. jom neu-jeon-ne-yo.

Je dois me lever tôt.

일찍 일어나야 해요.
il-jjik gi-reo-na-ya hae-yo.

Je ne me sens pas bien.

몸이 안 좋아요.
mom-i an jo-a-yo.

Exprimer la gratitude

Merci.	감사합니다. gam-sa-ham-ni-da.
Merci beaucoup.	대단히 감사합니다. dae-dan-hi gam-sa-ham-ni-da.
Je l'apprécie beaucoup.	정말로 감사히 생각해요. jeong-mal-lo gam-sa-hi saeng-gak-ae-yo.
Je vous suis très reconnaissant.	당신에게 정말로 감사해요. dang-sin-e-ge jeong-mal-lo gam-sa-hae-yo.
Nous vous sommes très reconnaissant.	저희는 당신에게 정말로 감사해요. jeo-hui-neun dang-sin-e-ge jeong-mal-lo gam-sa-hae-yo.
Merci pour votre temps.	시간 내 주셔서 감사합니다. si-gan nae ju-syeo-seo gam-sa-ham-ni-da.
Merci pour tout.	전부 다 감사합니다. jeon-bu da gam-sa-ham-ni-da.
Merci pour …	…에 대해 감사합니다. ...e dae-hae gam-sa-ham-ni-da.
votre aide	도움 do-um
les bons moments passés	즐거운 시간 jeul-geo-un si-gan
un repas merveilleux	훌륭한 식사 hul-lyung-han sik-sa
cette agréable soirée	만족스러운 저녁 man-jok-seu-reo-un jeo-nyeok
cette merveilleuse journée	훌륭한 하루 hul-lyung-han ha-ru
une excursion extraordinaire	근사한 여행 geun-sa-han nyeo-haeng
Il n'y a pas de quoi.	별 말씀을요. byeol mal-sseu-meu-ryo.
Vous êtes les bienvenus.	천만에요. cheon-man-e-yo.

Mon plaisir.

언제든지요.
eon-je-deun-ji-yo.

J'ai été heureux /heureuse/
de vous aider.

제가 즐거웠어요.
je-ga jeul-geo-wo-seo-yo.

Ça va. N'y pensez plus.

됐어요.
dwae-seo-yo.

Ne vous inquiétez pas.

걱정하지 마세요.
geok-jeong-ha-ji ma-se-yo.

Félicitations. Vœux de fête

Félicitations! 축하합니다!
chuk-a-ham-ni-da!

Joyeux anniversaire! 생일 축하합니다!
saeng-il chuk-a-ham-ni-da!

Joyeux Noël! 메리 크리스마스!
me-ri keu-ri-seu-ma-seu!

Bonne Année! 새해 복 많이 받으세요!
sae-hae bok ma-ni ba-deu-se-yo!

Joyeuses Pâques! 즐거운 부활절 되세요!
jeul-geo-un bu-hwal-jeol doe-se-yo!

Joyeux Hanoukka! 즐거운 하누카 되세요!
jeul-geo-un ha-nu-ka doe-se-yo!

Je voudrais proposer un toast. 건배해요.
geon-bae-hae-yo.

Santé! 건배!
geon-bae!

Buvons à …! … 위하여!
… wi-ha-yeo!

À notre succès! 성공을 위하여!
seong-gong-eul rwi-ha-yeo!

À votre succès! 성공을 위하여!
seong-gong-eul rwi-ha-yeo!

Bonne chance! 행운을 빌어!
haeng-u-neul bi-reo!

Bonne journée! 좋은 하루 되세요!
jo-eun ha-ru doe-se-yo!

Passez de bonnes vacances ! 좋은 휴일 되세요!
jo-eun hyu-il doe-se-yo!

Bon voyage! 안전한 여행 되세요!
an-jeon-han nyeo-haeng doe-se-yo!

Rétablissez-vous vite. 빨리 나으세요!
ppal-li na-eu-se-yo!

Socialiser

Pourquoi êtes-vous si triste?	왜 슬퍼하세요? wae seul-peo-ha-se-yo?
Souriez!	웃으세요! 기운 내세요! us-eu-se-yo! gi-un nae-se-yo!
Êtes-vous libre ce soir?	오늘 밤에 시간 있으세요? o-neul bam-e si-gan i-seu-se-yo?
Puis-je vous offrir un verre?	제가 한 잔 살까요? je-ga han jan sal-kka-yo?
Voulez-vous danser?	춤 추실래요? chum chu-sil-lae-yo?
Et si on va au cinéma?	영화 보러 갑시다. yeong-hwa bo-reo gap-si-da.
Puis-je vous inviter ...	···에 초대해도 될까요? ...e cho-dae-hae-do doel-kka-yo?
au restaurant	음식점 eum-sik-jeom
au cinéma	영화관 yeong-hwa-gwan
au théâtre	극장 geuk-jang
pour une promenade	산책 san-chaek
À quelle heure?	몇 시예요? myeot si-e-yo?
ce soir	오늘밤 o-neul-bam
à six heures	여섯 시 yeo-seot si
à sept heures	일곱 시 il-gop si
à huit heures	여덟 시 yeo-deol si
à neuf heures	아홉 시 a-hop si
Est-ce que vous aimez cet endroit?	여기가 마음에 드세요? yeo-gi-ga ma-eum-e deu-se-yo?
Êtes-vous ici avec quelqu'un?	누구랑 같이 왔어요? nu-gu-rang ga-chi wa-seo-yo?
Je suis avec mon ami.	친구랑 같이 왔어요. chin-gu-rang ga-chi wa-seo-yo.

Je suis avec mes amis.

친구들이랑 같이 왔어요.
chin-gu-deu-ri-rang ga-chi wa-seo-yo.

Non, je suis seul /seule/

아니오, 혼자 왔어요.
a-ni-o, hon-ja wa-seo-yo.

As-tu un copain?

남자친구 있어?
nam-ja-chin-gu i-seo?

J'ai un copain.

남자친구 있어.
nam-ja-chin-gu i-seo.

As-tu une copine?

여자친구 있어?
yeo-ja-chin-gu i-seo?

J'ai une copine.

여자친구 있어.
yeo-ja-chin-gu i-seo.

Est-ce que je peux te revoir?

다시 만날래?
da-si man-nal-lae?

Est-ce que je peux t'appeler?

전화해도 돼?
jeon-hwa-hae-do dwae?

Appelle-moi.

전화해 줘.
jeon-hwa-hae jwo.

Quel est ton numéro?

전화번호가 뭐야?
jeon-hwa-beon-ho-ga mwo-ya?

Tu me manques.

보고싶어.
bo-go-si-peo.

Vous avez un très beau nom.

이름이 아름다우시네요.
i-reum-i a-reum-da-u-si-ne-yo.

Je t'aime.

사랑해.
sa-rang-hae.

Veux-tu te marier avec moi?

결혼해 줄래?
gyeol-hon-hae jul-lae?

Vous plaisantez!

장난치지 마세요!
jang-nan-chi-ji ma-se-yo!

Je plaisante.

장난이었어요.
jang-nan-i-eo-seo-yo.

Êtes-vous sérieux /sérieuse/?

진심이세요?
jin-sim-i-se-yo?

Je suis sérieux /sérieuse/

진심이예요.
jin-sim-i-ye-yo.

Vraiment?!

정말로요?!
jeong-mal-lo-yo?!

C'est incroyable!

믿을 수 없어요!
mi-deul su eop-seo-yo!

Je ne vous crois pas.

당신을 믿지 않아요.
dang-si-neul mit-ji a-na-yo.

Je ne peux pas.

그럴 수 없어요.
geu-reol su eop-seo-yo.

Je ne sais pas.

모르겠어요.
mo-reu-ge-seo-yo.

Je ne vous comprends pas

무슨 말인지 모르겠어요.
mu-seun ma-rin-ji mo-reu-ge-seo-yo.

Laissez-moi! Allez-vous-en!

저리 가세요.
jeo-ri ga-se-yo.

Laissez-moi tranquille!

혼자 있고 싶어요!
hon-ja it-go si-peo-yo!

Je ne le supporte pas.

그를 견딜 수 없어요.
geu-reul gyeon-dil su eop-seo-yo.

Vous êtes dégoûtant!

당신 역겨워요!
dang-sin nyeok-gyeo-wo-yo!

Je vais appeler la police!

경찰을 부를 거예요!
gyeong-cha-reul bu-reul geo-ye-yo!

Partager des impressions. Émotions

J'aime ça.
마음에 들어요.
ma-eum-e deu-reo-yo.

C'est gentil.
아주 좋아요.
a-ju jo-a-yo.

C'est super!
멋져요!
meot-jyeo-yo!

C'est assez bien.
나쁘지 않아요.
na-ppeu-ji a-na-yo.

Je n'aime pas ça.
마음에 들지 않아요.
ma-eum-e deul-ji a-na-yo.

Ce n'est pas bien.
좋지 않아요.
jo-chi a-na-yo.

C'est mauvais.
나빠요.
na-ppa-yo.

Ce n'est pas bien du tout.
아주 나빠요.
a-ju na-ppa-yo.

C'est dégoûtant.
역겨워요.
yeok-gyeo-wo-yo.

Je suis content /contente/
저는 행복해요.
jeo-neun haeng-bok-ae-yo.

Je suis heureux /heureuse/
저는 만족해요.
jeo-neun man-jok-ae-yo.

Je suis amoureux /amoureuse/
저는 사랑에 빠졌어요.
jeo-neun sa-rang-e ppa-jyeo-seo-yo.

Je suis calme.
저는 침착해요.
jeo-neun chim-chak-ae-yo.

Je m'ennuie.
저는 지루해요.
jeo-neun ji-ru-hae-yo.

Je suis fatigué /fatiguée/
저는 지쳤어요.
jeo-neun ji-chyeo-seo-yo.

Je suis triste.
저는 슬퍼요.
jeo-neun seul-peo-yo.

J'ai peur.
저는 무서워요.
jeo-neun mu-seo-wo-yo.

Je suis fâché /fâchée/
저는 화났어요.
jeo-neun hwa-na-seo-yo.

Je suis inquiet /inquiète/
저는 걱정이 돼요.
jeo-neun geok-jeong-i dwae-yo.

Je suis nerveux /nerveuse/
저는 긴장이 돼요.
jeo-neun gin-jang-i dwae-yo.

Je suis jaloux /jalouse/   저는 부러워요.
jeo-neun bu-reo-wo-yo.

Je suis surpris /surprise/   놀랐어요.
nol-la-seo-yo.

Je suis gêné /gênée/   당황했어요.
dang-hwang-hae-seo-yo.

Problèmes. Accidents

J'ai un problème.	문제가 있어요. mun-je-ga i-seo-yo.
Nous avons un problème.	우리는 문제가 있어요. u-ri-neun mun-je-ga i-seo-yo.
Je suis perdu /perdue/	길을 잃었어요. gi-reul ri-reo-seo-yo.
J'ai manqué le dernier bus (train).	마지막 버스 (기차)를 놓쳤어요. ma-ji-mak beo-seu (gi-cha)reul lo-chyeo-seo-yo.
Je n'ai plus d'argent.	돈이 다 떨어졌어요. don-i da tteo-reo-jyeo-seo-yo.

J'ai perdu mon ...	··· 잃어버렸어요. ... i-reo-beo-ryeo-seo-yo.
On m'a volé mon ...	제 ··· 누가 훔쳐갔어요. je ... nu-ga hum-chyeo-ga-seo-yo.

passeport	여권 yeo-gwon
portefeuille	지갑 ji-gap
papiers	서류 seo-ryu
billet	표 pyo

argent	돈 don
sac à main	핸드백 haen-deu-baek
appareil photo	카메라 ka-me-ra
portable	노트북 no-teu-buk
ma tablette	타블렛피씨 ta-beul-let-pi-ssi
mobile	핸드폰 haen-deu-pon

Au secours!	도와주세요! do-wa-ju-se-yo!
Qu'est-il arrivé?	무슨 일이 있었어요? mu-seun i-ri i-seo-seo-yo?

un incendie	화재 hwa-jae
des coups de feu	총격 chong-gyeok
un meurtre	살인 sa-rin
une explosion	폭발 pok-bal
une bagarre	폭행 pok-aeng

Appelez la police!	경찰을 불러 주세요! gyeong-cha-reul bul-leo ju-se-yo!
Dépêchez-vous, s'il vous plaît!	제발 서둘러요! je-bal seo-dul-leo-yo!
Je cherche le commissariat de police.	경찰서를 찾고 있어요. gyeong-chal-seo-reul chat-go i-seo-yo.
Il me faut faire un appel.	전화를 걸어야 해요. jeon-hwa-reul geo-reo-ya hae-yo.
Puis-je utiliser votre téléphone?	전화를 빌려주실 수 있어요? jeon-hwa-reul bil-lyeo-ju-sil su i-seo-yo?

J'ai été ...	저는 ... 당했어요. jeo-neun ... dang-hae-seo-yo.
agressé /agressée/	강도 gang-do
volé /volée/	도둑질 do-duk-jil
violée	강간 gang-gan
attaqué /attaquée/	폭행 pok-aeng

Est-ce que ça va?	괜찮으세요? gwaen-cha-neu-se-yo?
Avez-vous vu qui c'était?	누구였는지 보셨어요? nu-gu-yeon-neun-ji bo-syeo-seo-yo?
Pourriez-vous reconnaître cette personne?	그 사람을 알아볼 수 있겠어요? geu sa-ra-meul ra-ra-bol su it-ge-seo-yo?
Vous êtes sûr?	확실해요? hwak-sil-hae-yo?

Calmez-vous, s'il vous plaît.	제발 진정해요. je-bal jin-jeong-hae-yo.
Calmez-vous!	마음을 가라앉히세요! ma-eu-meul ga-ra-an-chi-se-yo!
Ne vous inquiétez pas.	걱정하지 마세요! geok-jeong-ha-ji ma-se-yo!
Tout ira bien.	다 잘 될 거예요. da jal doel geo-ye-yo.

Ça va. Tout va bien.	다 괜찮아요. da gwaen-cha-na-yo.
Venez ici, s'il vous plaît.	이 쪽으로 오세요. i jjo-geu-ro o-se-yo.
J'ai des questions à vous poser.	질문이 있습니다. jil-mun-i it-seum-ni-da.
Attendez un moment, s'il vous plaît.	잠시 기다려 주세요. jam-si gi-da-ryeo ju-se-yo.
Avez-vous une carte d'identité?	신분증 있습니까? sin-bun-jeung it-seum-ni-kka?
Merci. Vous pouvez partir maintenant.	감사합니다. 이제 가셔도 됩니다. gam-sa-ham-ni-da. i-je ga-syeo-do doem-ni-da.
Les mains derrière la tête!	손 머리 위로 들어! son meo-ri wi-ro deu-reo!
Vous êtes arrêté!	체포한다! che-po-han-da!

Problèmes de santé

Aidez-moi, s'il vous plaît.	도와주세요. do-wa-ju-se-yo.
Je ne me sens pas bien.	몸이 안 좋아요. mom-i an jo-a-yo.
Mon mari ne se sent pas bien.	제 남편이 몸이 안 좋아요. je nam-pyeon-i mom-i an jo-a-yo.
Mon fils ...	제 아들이 ··· je a-deu-ri ...
Mon père ...	제 아버지가 ··· je a-beo-ji-ga ...
Ma femme ne se sent pas bien.	제 아내가 몸이 안 좋아요. je a-nae-ga mom-i an jo-a-yo.
Ma fille ...	제 딸이 ··· je tta-ri ...
Ma mère ...	제 어머니가 ··· je eo-meo-ni-ga ...
J'ai mal ...	···이 있어요. ...i i-seo-yo.
à la tête	두통 du-tong
à la gorge	인후통 in-hu-tong
à l'estomac	복통 bok-tong
aux dents	치통 chi-tong
J'ai le vertige.	어지러워요. eo-ji-reo-wo-yo.
Il a de la fièvre.	그는 열이 있어요. geu-neun nyeo-ri i-seo-yo.
Elle a de la fièvre.	그녀는 열이 있어요. geu-nyeo-neun nyeo-ri i-seo-yo.
Je ne peux pas respirer.	숨을 못 쉬겠어요. su-meul mot swi-ge-seo-yo.
J'ai du mal à respirer.	숨이 차요. sum-i cha-yo.
Je suis asthmatique.	저는 천식이 있어요. jeo-neun cheon-si-gi i-seo-yo.
Je suis diabétique.	저는 당뇨가 있어요. jeo-neun dang-nyo-ga i-seo-yo.

Je ne peux pas dormir.

저는 잠을 못 자요.
jeo-neun ja-meul mot ja-yo.

intoxication alimentaire

식중독
sik-jung-dok

Ça fait mal ici.

여기가 아파요.
yeo-gi-ga a-pa-yo.

Aidez-moi!

도와주세요!
do-wa-ju-se-yo!

Je suis ici!

여기 있어요!
yeo-gi i-seo-yo!

Nous sommes ici!

우리 여기 있어요!
u-ri yeo-gi i-seo-yo!

Sortez-moi d'ici!

꺼내주세요!
kkeo-nae-ju-se-yo!

J'ai besoin d'un docteur.

의사가 필요해요.
ui-sa-ga pi-ryo-hae-yo.

Je ne peux pas bouger!

못 움직이겠어요.
mot um-ji-gi-ge-seo-yo.

Je ne peux pas bouger mes jambes.

다리를 못 움직이겠어요.
da-ri-reul mot um-ji-gi-ge-seo-yo.

Je suis blessé /blessée/

다쳤어요.
da-chyeo-seo-yo.

Est-ce que c'est sérieux?

심각한가요?
sim-gak-an-ga-yo?

Mes papiers sont dans ma poche.

주머니에 제 서류가 있어요.
ju-meo-ni-e je seo-ryu-ga i-seo-yo.

Calmez-vous!

진정해요!
jin-jeong-hae-yo!

Puis-je utiliser votre téléphone?

전화를 빌려주실 수 있어요?
jeon-hwa-reul bil-lyeo-ju-sil su i-seo-yo?

Appelez une ambulance!

구급차를 불러 주세요!
gu-geup-cha-reul bul-leo ju-se-yo!

C'est urgent!

급해요!
geu-pae-yo!

C'est une urgence!

긴급 상황이에요!
gin-geup sang-hwang-i-e-yo!

Dépêchez-vous, s'il vous plaît!

제발 서둘러요!
je-bal seo-dul-leo-yo!

Appelez le docteur, s'il vous plaît.

의사를 불러주시겠어요?
ui-sa-reul bul-leo-ju-si-ge-seo-yo?

Où est l'hôpital?

병원은 어디 있어요?
byeong-wo-neun eo-di i-seo-yo?

Comment vous sentez-vous?

기분이 어떠세요?
gi-bun-i eo-tteo-se-yo?

Est-ce que ça va?

괜찮으세요?
gwaen-cha-neu-se-yo?

Qu'est-il arrivé?

무슨 일이 있었어요?
mu-seun i-ri i-seo-seo-yo?

Je me sens mieux maintenant.

이제 나아졌어요.
i-je na-a-jyeo-seo-yo.

Ça va. Tout va bien.

괜찮아요.
gwaen-cha-na-yo.

Ça va.

괜찮아요.
gwaen-cha-na-yo.

À la pharmacie

pharmacie	약국 yak-guk
pharmacie 24 heures	24시간 약국 i-sip-sa-si-gan nyak-guk
Où se trouve la pharmacie la plus proche?	가장 가까운 약국이 어디예요? ga-jang ga-kka-un nyak-gu-gi eo-di-ye-yo?
Est-elle ouverte en ce moment?	지금 열었어요? ji-geum myeo-reo-seo-yo?
À quelle heure ouvre-t-elle?	몇 시에 열어요? myeot si-e yeo-reo-yo?
à quelle heure ferme-t-elle?	몇 시에 닫아요? myeot si-e da-da-yo?
C'est loin?	멀어요? meo-reo-yo?
Est-ce que je peux y aller à pied?	걸어갈 수 있어요? geo-reo-gal su i-seo-yo?
Pouvez-vous me le montrer sur la carte?	지도에서 보여주실 수 있어요? ji-do-e-seo bo-yeo-ju-sil su i-seo-yo?
Pouvez-vous me donner quelque chose contre ...	···에 듣는 약 주세요. ...e deun-neun nyak ju-se-yo.
le mal de tête	두통 du-tong
la toux	기침 gi-chim
le rhume	감기 gam-gi
la grippe	독감 dok-gam
la fièvre	열 yeol
un mal d'estomac	복통 bok-tong
la nausée	구토 gu-to
la diarrhée	설사 seol-sa
la constipation	변비 byeon-bi

un mal de dos	등 통증 deung tong-jeung
les douleurs de poitrine	가슴 통증 ga-seum tong-jeung
les points de côté	옆구리 당김 yeop-gu-ri dang-gim
les douleurs abdominales	배 통증 bae tong-jeung

une pilule	알약 a-ryak
un onguent, une crème	연고 yeon-go
un sirop	물약 mul-lyak
un spray	스프레이 seu-peu-re-i
les gouttes	안약 a-nyak

Vous devez allez à l'hôpital.	병원에 가셔야 해요. byeong-won-e ga-syeo-ya hae-yo.
assurance maladie	건강보험 geon-gang-bo-heom
prescription	처방전 cheo-bang-jeon
produit anti-insecte	방충제 bang-chung-je
bandages adhésifs	밴드에이드 baen-deu-e-i-deu

Les essentiels

Excusez-moi, ...	실례합니다, ··· sil-lye-ham-ni-da, ...
Bonjour	안녕하세요. an-nyeong-ha-se-yo.
Merci	감사합니다. gam-sa-ham-ni-da.
Au revoir	안녕히 계세요. an-nyeong-hi gye-se-yo.
Oui	네. ne.
Non	아니오. a-ni-o.
Je ne sais pas.	모르겠어요. mo-reu-ge-seo-yo.
Où? | Où? | Quand?	어디예요? | 어디까지 가세요? | 언제요? eo-di-ye-yo? | eo-di-kka-ji ga-se-yo? | eon-je-yo?
J'ai besoin de ...	··· 필요해요. ... pi-ryo-hae-yo.
Je veux ...	··· 싶어요. ... si-peo-yo.
Avez-vous ... ?	··· 있으세요? ... i-seu-se-yo?
Est-ce qu'il y a ... ici?	여기 ··· 있어요? yeo-gi ... i-seo-yo?
Puis-je ... ?	···해도 되나요? ... hae-do doe-na-yo?
s'il vous plaît (pour une demande)	···, 부탁합니다. ..., bu-tak-am-ni-da.
Je cherche ...	··· 찾고 있어요. ... chat-go i-seo-yo.
les toilettes	화장실 hwa-jang-sil
un distributeur	현금인출기 hyeon-geum-in-chul-gi
une pharmacie	약국 yak-guk
l'hôpital	병원 byeong-won
le commissariat de police	경찰서 gyeong-chal-seo

une station de métro	지하철 ji-ha-cheol
un taxi	택시 taek-si
la gare	기차역 gi-cha-yeok

Je m'appelle ...	제 이름은 ··· 입니다. je i-reu-meun ... im-ni-da.
Comment vous appelez-vous?	성함이 어떻게 되세요? seong-ham-i eo-tteo-ke doe-se-yo?
Aidez-moi, s'il vous plaît.	도와주세요. do-wa-ju-se-yo.
J'ai un problème.	문제가 있어요. mun-je-ga i-seo-yo.
Je ne me sens pas bien.	몸이 안 좋아요. mom-i an jo-a-yo.
Appelez une ambulance!	구급차를 불러 주세요! gu-geup-cha-reul bul-leo ju-se-yo!
Puis-je faire un appel?	전화를 써도 되나요? jeon-hwa-reul sseo-do doe-na-yo?

Excusez-moi.	죄송합니다. joe-song-ham-ni-da.
Je vous en prie.	천만에요. cheon-man-e-yo.

je, moi	저 jeo
tu, toi	너 neo
il	그 geu
elle	그녀 geu-nyeo
ils	그들 geu-deul
elles	그들 geu-deul
nous	우리 u-ri
vous	너희 neo-hui
Vous	당신 dang-sin

ENTRÉE	입구 ip-gu
SORTIE	출구 chul-gu
HORS SERVICE	EN PANNE	고장 go-jang

FERMÉ

닫힘
da-chim

OUVERT

열림
yeol-lim

POUR LES FEMMES

여성용
yeo-seong-yong

POUR LES HOMMES

남성용
nam-seong-yong

VOCABULAIRE THÉMATIQUE

Cette section contient plus de 3000 des mots les plus importants. Le dictionnaire sera d'une aide indispensable lors de voyages à l'étranger puisque les mots individuels sont souvent assez pour être compris. Le dictionnaire comprend une transcription utile de chaque mot

T&P Books Publishing

CONTENU DU DICTIONNAIRE

T&P Books Publishing

T&P BOOKS

CONCEPTS DE BASE

T&P Books Publishing

1. Les pronoms

je	나, 저	na
tu	너	neo
il	그, 그분	geu, geu-bun
elle	그녀	geu-nyeo
ça	그것	geu-geot
nous	우리	u-ri
vous	너희	neo-hui
vous (form., sing.)	당신	dang-sin
ils, elles	그들	geu-deul

2. Adresser des vœux. Se dire bonjour

Bonjour! (fam.)	안녕!	an-nyeong!
Bonjour! (form.)	안녕하세요!	an-nyeong-ha-se-yo!
Bonjour! (le matin)	안녕하세요!	an-nyeong-ha-se-yo!
Bonjour! (après-midi)	안녕하세요!	an-nyeong-ha-se-yo!
Bonsoir!	안녕하세요!	an-nyeong-ha-se-yo!
dire bonjour	인사하다	in-sa-ha-da
Salut!	안녕!	an-nyeong!
salut (m)	인사	in-sa
saluer (vt)	인사하다	in-sa-ha-da
Comment ça va?	잘 지내세요?	jal ji-nae-se-yo?
Quoi de neuf?	어떻게 지내?	eo-tteo-ke ji-nae?
Au revoir!	안녕히 가세요!	an-nyeong-hi ga-se-yo!
À bientôt!	또 만나요!	tto man-na-yo!
Adieu! (fam.)	잘 있어!	jal ri-seo!
Adieu! (form.)	안녕히 계세요!	an-nyeong-hi gye-se-yo!
dire au revoir	작별인사를 하다	jak-byeo-rin-sa-reul ha-da
Salut! (À bientôt!)	안녕!	an-nyeong!
Merci!	감사합니다!	gam-sa-ham-ni-da!
Merci beaucoup!	대단히 감사합니다!	dae-dan-hi gam-sa-ham-ni-da!
Je vous en prie	천만이에요	cheon-man-i-e-yo
Il n'y a pas de quoi	천만의 말씀입니다	cheon-man-ui mal-sseum-im-ni-da
Pas de quoi	천만에	cheon-man-e
Excuse-moi!	실례!	sil-lye!

Excusez-moi!	실례합니다!	sil-lye-ham-ni-da!
excuser (vt)	용서하다	yong-seo-ha-da
s'excuser (vp)	사과하다	sa-gwa-ha-da
Mes excuses	사과드립니다	sa-gwa-deu-rim-ni-da
Pardonnez-moi!	죄송합니다!	joe-song-ham-ni-da!
pardonner (vt)	용서하다	yong-seo-ha-da
s'il vous plaît	부탁합니다	bu-tak-am-ni-da
N'oubliez pas!	잊지 마십시오!	it-ji ma-sip-si-o!
Bien sûr!	물론이에요!	mul-lon-i-e-yo!
Bien sûr que non!	물론 아니에요!	mul-lon a-ni-e-yo!
D'accord!	그래요!	geu-rae-yo!
Ça suffit!	그만!	geu-man!

3. Les questions

Qui?	누구?	nu-gu?
Quoi?	무엇?	mu-eot?
Où? (~ es-tu?)	어디?	eo-di?
Où? (~ vas-tu?)	어디로?	eo-di-ro?
D'où?	어디로부터?	eo-di-ro-bu-teo?
Quand?	언제?	eon-je?
Pourquoi? (~ es-tu venu?)	왜?	wae?
Pourquoi? (~ t'es pâle?)	왜?	wae?
À quoi bon?	무엇을 위해서?	mu-eos-eul rwi-hae-seo?
Comment?	어떻게?	eo-tteo-ke?
Quel? (à ~ prix?)	어떤?	eo-tteon?
Lequel?	어느?	eo-neu?
À qui? (pour qui?)	누구에게?	nu-gu-e-ge?
De qui?	누구에 대하여?	nu-gu-e dae-ha-yeo?
De quoi?	무엇에 대하여?	mu-eos-e dae-ha-yeo?
Avec qui?	누구하고?	nu-gu-ha-go?
Combien?	얼마?	eol-ma?
À qui? (~ est ce livre?)	누구의?	nu-gu-ui?

4. Les prépositions

avec (~ toi)	··· 하고	... ha-go
sans (~ sucre)	없이	eop-si
à (aller ~ ...)	··· 에	... e
de (au sujet de)	··· 에 대하여	... e dae-ha-yeo
avant (~ midi)	전에	jeon-e
devant (~ la maison)	··· 앞에	... a-pe
sous (~ la commode)	밑에	mi-te

au-dessus de ...	위에	wi-e
sur (dessus)	위에	wi-e
de (venir ~ Paris)	··· 에서	... e-seo
en (en bois, etc.)	··· 로	... ro
dans (~ deux heures)	··· 안에	... a-ne
par dessus	너머	dwi-e

5. Les mots-outils. Les adverbes. Partie 1

Où? (~ es-tu?)	어디?	eo-di?
ici (c'est ~)	여기	yeo-gi
là-bas (c'est ~)	거기	geo-gi
quelque part (être)	어딘가	eo-din-ga
nulle part (adv)	어디도	eo-di-do
près de ...	옆에	yeo-pe
près de la fenêtre	창문 옆에	chang-mun nyeo-pe
Où? (~ vas-tu?)	어디로?	eo-di-ro?
ici (Venez ~)	여기로	yeo-gi-ro
là-bas (j'irai ~)	거기로	geo-gi-ro
d'ici (adv)	여기서	yeo-gi-seo
de là-bas (adv)	거기서	geo-gi-seo
près (pas loin)	가까이	ga-kka-i
loin (adv)	멀리	meol-li
près de (~ Paris)	근처에	geun-cheo-e
tout près (adv)	인근에	in-geu-ne
pas loin (adv)	멀지 않게	meol-ji an-ke
gauche (adj)	왼쪽의	oen-jjo-gui
à gauche (être ~)	왼쪽에	oen-jjo-ge
à gauche (tournez ~)	왼쪽으로	oen-jjo-geu-ro
droit (adj)	오른쪽의	o-reun-jjo-gui
à droite (être ~)	오른쪽에	o-reun-jjo-ge
à droite (tournez ~)	오른쪽으로	o-reun-jjo-geu-ro
devant (adv)	앞쪽에	ap-jjo-ge
de devant (adj)	앞의	a-pui
en avant (adv)	앞으로	a-peu-ro
derrière (adv)	뒤에	dwi-e
par derrière (adv)	뒤에서	dwi-e-seo
en arrière (regarder ~)	뒤로	dwi-ro
milieu (m)	가운데	ga-un-de
au milieu (adv)	가운데에	ga-un-de-e

de côté (vue ~)	옆에	yeo-pe
partout (adv)	모든 곳에	mo-deun gos-e
autour (adv)	주위에	ju-wi-e
de l'intérieur	내면에서	nae-myeon-e-seo
quelque part (aller)	어딘가에	eo-din-ga-e
tout droit (adv)	똑바로	ttok-ba-ro
en arrière (revenir ~)	뒤로	dwi-ro
de quelque part (n'import d'où)	어디에서든지	eo-di-e-seo-deun-ji
de quelque part (on ne sait pas d'où)	어디로부터인지	eo-di-ro-bu-teo-in-ji
premièrement (adv)	첫째로	cheot-jjae-ro
deuxièmement (adv)	둘째로	dul-jjae-ro
troisièmement (adv)	셋째로	set-jjae-ro
soudain (adv)	갑자기	gap-ja-gi
au début (adv)	처음에	cheo-eum-e
pour la première fois	처음으로	cheo-eu-meu-ro
bien avant …	··· 오래 전에	… o-rae jeon-e
de nouveau (adv)	다시	da-si
pour toujours (adv)	영원히	yeong-won-hi
jamais (adv)	절대로	jeol-dae-ro
de nouveau, encore (adv)	다시	da-si
maintenant (adv)	이제	i-je
souvent (adv)	자주	ja-ju
alors (adv)	그때	geu-ttae
d'urgence (adv)	급히	geu-pi
d'habitude (adv)	보통으로	bo-tong-eu-ro
à propos, …	그건 그렇고, ···	geu-geon geu-reo-ko, …
c'est possible	가능한	ga-neung-han
probablement (adv)	아마	a-ma
peut-être (adv)	어쩌면	eo-jjeo-myeon
en plus, …	게다가 ···	ge-da-ga …
c'est pourquoi …	그래서 ···	geu-rae-seo …
malgré …	··· 에도 불구하고	… e-do bul-gu-ha-go
grâce à …	··· 덕분에	… deok-bun-e
quelque chose (Il m'est arrivé ~)	무엇인가	mu-eon-nin-ga
quelque chose (peut-on faire ~)	무엇이든지	mu-eon-ni-deun-ji
rien (m)	아무것도	a-mu-geot-do
quelqu'un (on ne sait pas qui)	누구	nu-gu
quelqu'un (n'importe qui)	누군가	nu-gun-ga
personne (pron)	아무도	a-mu-do

nulle part (aller ~)	아무데도	a-mu-de-do
de personne	누구의 것도 아닌	nu-gu-ui geot-do a-nin
de n'importe qui	누군가의	nu-gun-ga-ui
comme ça (adv)	그래서	geu-rae-seo
également (adv)	역시	yeok-si
aussi (adv)	또한	tto-han

6. Les mots-outils. Les adverbes. Partie 2

Pourquoi?	왜?	wae?
pour une certaine raison	어떤 이유로	eo-tteon ni-yu-ro
parce que ...	왜냐하면 ···	wae-nya-ha-myeon ...
pour une raison quelconque	어떤 목적으로	eo-tteon mok-jeo-geu-ro

et (conj)	그리고	geu-ri-go
ou (conj)	또는	tto-neun
mais (conj)	그러나	geu-reo-na
pour ... (prep)	위해서	wi-hae-seo

trop (adv)	너무	neo-mu
seulement (adv)	··· 만	... man
précisément (adv)	정확하게	jeong-hwak-a-ge
près de ... (prep)	약	yak

approximativement	대략	dae-ryak
approximatif (adj)	대략적인	dae-ryak-jeo-gin
presque (adv)	거의	geo-ui
reste (m)	나머지	na-meo-ji

chaque (adj)	각각의	gak-ga-gui
n'importe quel (adj)	아무	a-mu
beaucoup (adv)	많이	ma-ni
plusieurs (pron)	많은 사람들	ma-neun sa-ram-deul
tous	모두	mo-du

en échange de ...	··· 의 교환으로	... ui gyo-hwa-neu-ro
en échange (adv)	교환으로	gyo-hwa-neu-ro
à la main (adv)	수공으로	su-gong-eu-ro
peu probable (adj)	거의	geo-ui

probablement (adv)	아마	a-ma
exprès (adv)	일부러	il-bu-reo
par accident (adv)	우연히	u-yeon-hi

très (adv)	아주	a-ju
par exemple (adv)	예를 들면	ye-reul deul-myeon
entre (prep)	사이에	sa-i-e
parmi (prep)	중에	jung-e

autant (adv)	이만큼	i-man-keum
surtout (adv)	특히	teuk-i

NOMBRES. DIVERS

T&P Books Publishing

zéro	영	yeong
un	일	il
deux	이	i
trois	삼	sam
quatre	사	sa
cinq	오	o
six	육	yuk
sept	칠	chil
huit	팔	pal
neuf	구	gu
dix	십	sip
onze	십일	si-bil
douze	십이	si-bi
treize	십삼	sip-sam
quatorze	십사	sip-sa
quinze	십오	si-bo
seize	십육	si-byuk
dix-sept	십칠	sip-chil
dix-huit	십팔	sip-pal
dix-neuf	십구	sip-gu
vingt	이십	i-sip
vingt et un	이십일	i-si-bil
vingt-deux	이십이	i-si-bi
vingt-trois	이십삼	i-sip-sam
trente	삼십	sam-sip
trente et un	삼십일	sam-si-bil
trente-deux	삼십이	sam-si-bi
trente-trois	삼십삼	sam-sip-sam
quarante	사십	sa-sip
quarante et un	사십일	sa-si-bil
quarante-deux	사십이	sa-si-bi
quarante-trois	사십삼	sa-sip-sam
cinquante	오십	o-sip
cinquante et un	오십일	o-si-bil
cinquante-deux	오십이	o-si-bi
cinquante-trois	오십삼	o-sip-sam
soixante	육십	yuk-sip

soixante et un	육십일	yuk-si-bil
soixante-deux	육십이	yuk-si-bi
soixante-trois	육십삼	yuk-sip-sam
soixante-dix	칠십	chil-sip
soixante et onze	칠십일	chil-si-bil
soixante-douze	칠십이	chil-si-bi
soixante-treize	칠십삼	chil-sip-sam
quatre-vingts	팔십	pal-sip
quatre-vingt et un	팔십일	pal-si-bil
quatre-vingt deux	팔십이	pal-si-bi
quatre-vingt trois	팔십삼	pal-sip-sam
quatre-vingt-dix	구십	gu-sip
quatre-vingt et onze	구십일	gu-si-bil
quatre-vingt-douze	구십이	gu-si-bi
quatre-vingt-treize	구십삼	gu-sip-sam

8. Les nombres cardinaux. Partie 2

cent	백	baek
deux cents	이백	i-baek
trois cents	삼백	sam-baek
quatre cents	사백	sa-baek
cinq cents	오백	o-baek
six cents	육백	yuk-baek
sept cents	칠백	chil-baek
huit cents	팔백	pal-baek
neuf cents	구백	gu-baek
mille	천	cheon
deux mille	이천	i-cheon
trois mille	삼천	sam-cheon
dix mille	만	man
cent mille	십만	sim-man
million (m)	백만	baeng-man
milliard (m)	십억	si-beok

9. Les nombres ordinaux

premier (adj)	첫 번째의	cheot beon-jjae-ui
deuxième (adj)	두 번째의	du beon-jjae-ui
troisième (adj)	세 번째의	se beon-jjae-ui
quatrième (adj)	네 번째의	ne beon-jjae-ui
cinquième (adj)	다섯 번째의	da-seot beon-jjae-ui
sixième (adj)	여섯 번째의	yeo-seot beon-jjae-ui

septième (adj)	일곱 번째의	il-gop beon-jjae-ui
huitième (adj)	여덟 번째의	yeo-deol beon-jjae-ui
neuvième (adj)	아홉 번째의	a-hop beon-jjae-ui
dixième (adj)	열 번째의	yeol beon-jjae-ui

LES COULEURS.
LES UNITÉS DE MESURE

couleur (f)	색	sae
teinte (f)	색조	saek-jo
ton (m)	색상	saek-sang
arc-en-ciel (m)	무지개	mu-ji-gae
blanc (adj)	흰	huin
noir (adj)	검은	geo-meun
gris (adj)	회색의	hoe-sae-gui
vert (adj)	초록색의	cho-rok-sae-gui
jaune (adj)	노란	no-ran
rouge (adj)	빨간	ppal-gan
bleu (adj)	파란	pa-ran
bleu clair (adj)	하늘색의	ha-neul-sae-gui
rose (adj)	분홍색의	bun-hong-sae-gui
orange (adj)	주황색의	ju-hwang-sae-gui
violet (adj)	보라색의	bo-ra-sae-gui
brun (adj)	갈색의	gal-sae-gui
d'or (adj)	금색의	geum-sae-gui
argenté (adj)	은색의	eun-sae-gui
beige (adj)	베이지색의	be-i-ji-sae-gui
crème (adj)	크림색의	keu-rim-sae-gui
turquoise (adj)	청록색의	cheong-nok-sae-gui
rouge cerise (adj)	암적색의	am-jeok-sae-gui
lilas (adj)	연보라색의	yeon-bo-ra-sae-gui
framboise (adj)	진홍색의	jin-hong-sae-gui
clair (adj)	밝은	bal-geun
foncé (adj)	짙은	ji-teun
vif (adj)	선명한	seon-myeong-han
de couleur (adj)	색의	sae-gui
en couleurs (adj)	컬러의	keol-leo-ui
noir et blanc (adj)	흑백의	heuk-bae-gui
unicolore (adj)	단색의	dan-sae-gui
multicolore (adj)	다색의	da-sae-gui

11. Les unités de mesure

poids (m)	무게	mu-ge
longueur (f)	길이	gi-ri

largeur (f)	폭, 너비	pok, neo-bi
hauteur (f)	높이	no-pi
profondeur (f)	깊이	gi-pi
volume (m)	부피	bu-pi
aire (f)	면적	myeon-jeok
gramme (m)	그램	geu-raem
milligramme (m)	밀리그램	mil-li-geu-raem
kilogramme (m)	킬로그램	kil-lo-geu-raem
tonne (f)	톤	ton
livre (f)	파운드	pa-un-deu
once (f)	온스	on-seu
mètre (m)	미터	mi-teo
millimètre (m)	밀리미터	mil-li-mi-teo
centimètre (m)	센티미터	sen-ti-mi-teo
kilomètre (m)	킬로미터	kil-lo-mi-teo
mille (m)	마일	ma-il
pouce (m)	인치	in-chi
pied (m)	피트	pi-teu
yard (m)	야드	ya-deu
mètre (m) carré	제곱미터	je-gom-mi-teo
hectare (m)	헥타르	hek-ta-reu
litre (m)	리터	ri-teo
degré (m)	도	do
volt (m)	볼트	bol-teu
ampère (m)	암페어	am-pe-eo
cheval-vapeur (m)	마력	ma-ryeok
quantité (f)	수량, 양	su-ryang, yang
un peu de ...	⋯ 조금	... jo-geum
moitié (f)	절반	jeol-ban
douzaine (f)	다스	da-seu
pièce (f)	조각	jo-gak
dimension (f)	크기	keu-gi
échelle (f) (de la carte)	축척	chuk-cheok
minimal (adj)	최소의	choe-so-ui
le plus petit (adj)	가장 작은	ga-jang ja-geun
moyen (adj)	중간의	jung-gan-ui
maximal (adj)	최대의	choe-dae-ui
le plus grand (adj)	가장 큰	ga-jang keun

12. Les récipients

bocal (m) en verre	유리병	yu-ri-byeong
boîte, canette (f)	캔, 깡통	kaen, kkang-tong

seau (m)	양동이	yang-dong-i
tonneau (m)	통	tong
bassine, cuvette (f)	대야	dae-ya
cuve (f)	탱크	taeng-keu
flasque (f)	휴대용 술병	hyu-dae-yong sul-byeong
jerrican (m)	통	tong
citerne (f)	탱크	taeng-keu
tasse (f), mug (m)	머그컵	meo-geu-keop
tasse (f)	컵	keop
soucoupe (f)	받침 접시	bat-chim jeop-si
verre (m) (~ d'eau)	유리잔	yu-ri-jan
verre (m) à vin	와인글라스	wa-in-geul-la-seu
faitout (m)	냄비	naem-bi
bouteille (f)	병	byeong
goulot (m)	병목	byeong-mok
carafe (f)	디캔터	di-kaen-teo
pichet (m)	물병	mul-byeong
récipient (m)	용기	yong-gi
pot (m)	항아리	hang-a-ri
vase (m)	화병	hwa-byeong
flacon (m)	향수병	hyang-su-byeong
fiole (f)	약병	yak-byeong
tube (m)	튜브	tyu-beu
sac (m) (grand ~)	자루	ja-ru
sac (m) (~ en plastique)	봉투	bong-tu
paquet (m) (~ de cigarettes)	갑	gap
boîte (f)	박스	bak-seu
caisse (f)	상자	sang-ja
panier (m)	바구니	ba-gu-ni

LES VERBES
LES PLUS IMPORTANTS

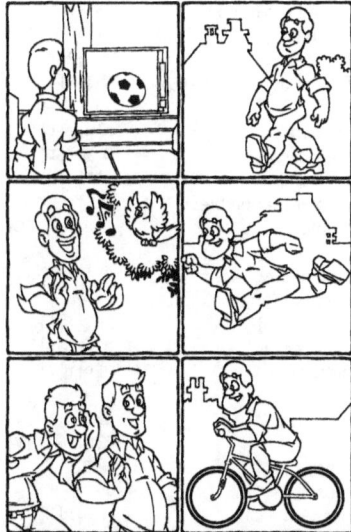

T&P Books Publishing

aider (vt)	도와주다	do-wa-ju-da
aimer (qn)	사랑하다	sa-rang-ha-da
aller (à pied)	가다	ga-da
apercevoir (vt)	알아차리다	a-ra-cha-ri-da
appartenir à ...	··· 에 속하다	... e sok-a-da
appeler (au secours)	부르다, 요청하다	bu-reu-da, yo-cheong-ha-da
attendre (vt)	기다리다	gi-da-ri-da
attraper (vt)	잡다	jap-da
avertir (vt)	경고하다	gyeong-go-ha-da
avoir (vt)	가지다	ga-ji-da
avoir confiance	신뢰하다	sil-loe-ha-da
avoir faim	배가 고프다	bae-ga go-peu-da
avoir peur	무서워하다	mu-seo-wo-ha-da
avoir soif	목마르다	mong-ma-reu-da
cacher (vt)	숨기다	sum-gi-da
casser (briser)	깨뜨리다	kkae-tteu-ri-da
cesser (vt)	그만두다	geu-man-du-da
changer (vt)	바꾸다	ba-kku-da
chasser (animaux)	사냥하다	sa-nyang-ha-da
chercher (vt)	··· 를 찾다	... reul chat-da
choisir (vt)	선택하다	seon-taek-a-da
commander (~ le menu)	주문하다	ju-mun-ha-da
commencer (vt)	시작하다	si-jak-a-da
comparer (vt)	비교하다	bi-gyo-ha-da
comprendre (vt)	이해하다	i-hae-ha-da
compter (dénombrer)	세다	se-da
compter sur ...	··· 에 의지하다	... e ui-ji-ha-da
confondre (vt)	혼동하다	hon-dong-ha-da
connaître (qn)	알다	al-da
conseiller (vt)	조언하다	jo-eon-ha-da
continuer (vt)	계속하다	gye-sok-a-da
contrôler (vt)	제어하다	je-eo-ha-da
courir (vi)	달리다	dal-li-da
coûter (vt)	값이 ··· 이다	gap-si ... i-da
créer (vt)	창조하다	chang-jo-ha-da
creuser (vt)	파다	pa-da
crier (vi)	소리치다	so-ri-chi-da

14. Les verbes les plus importants. Partie 2

décorer (~ la maison)	장식하다	jang-sik-a-da
défendre (vt)	방어하다	bang-eo-ha-da
déjeuner (vi)	점심을 먹다	jeom-si-meul meok-da
demander (~ l'heure)	묻다	mut-da
demander (de faire qch)	부탁하다	bu-tak-a-da
descendre (vi)	내려오다	nae-ryeo-o-da
deviner (vt)	추측하다	chu-cheuk-a-da
dîner (vi)	저녁을 먹다	jeo-nyeo-geul meok-da
dire (vt)	말하다	mal-ha-da
diriger (~ une usine)	운영하다	u-nyeong-ha-da
discuter (vt)	의논하다	ui-non-ha-da
donner (vt)	주다	ju-da
donner un indice	힌트를 주다	hin-teu-reul ju-da
douter (vt)	의심하다	ui-sim-ha-da
écrire (vt)	쓰다	sseu-da
entendre (bruit, etc.)	듣다	deut-da
entrer (vi)	들어가다	deu-reo-ga-da
envoyer (vt)	보내다	bo-nae-da
espérer (vi)	희망하다	hui-mang-ha-da
essayer (vt)	해보다	hae-bo-da
être d'accord	동의하다	dong-ui-ha-da
être nécessaire	필요하다	pi-ryo-ha-da
être pressé	서두르다	seo-du-reu-da
étudier (vt)	공부하다	gong-bu-ha-da
exiger (vt)	요구하다	yo-gu-ha-da
exister (vi)	존재하다	jon-jae-ha-da
expliquer (vt)	설명하다	seol-myeong-ha-da
faire (vt)	하다	ha-da
faire tomber	떨어뜨리다	tteo-reo-tteu-ri-da
finir (vt)	끝내다	kkeun-nae-da
garder (conserver)	보관하다	bo-gwan-ha-da
gronder, réprimander (vt)	꾸짖다	kku-jit-da
informer (vt)	알리다	al-li-da
insister (vi)	주장하다	ju-jang-ha-da
insulter (vt)	모욕하다	mo-yok-a-da
inviter (vt)	초대하다	cho-dae-ha-da
jouer (s'amuser)	놀다	nol-da

15. Les verbes les plus importants. Partie 3

libérer (ville, etc.)	해방하다	hae-bang-ha-da
lire (vi, vt)	읽다	ik-da

louer (prendre en location)	임대하다	im-dae-ha-da
manquer (l'école)	결석하다	gyeol-seok-a-da
menacer (vt)	협박하다	hyeop-bak-a-da

mentionner (vt)	언급하다	eon-geu-pa-da
montrer (vt)	보여주다	bo-yeo-ju-da
nager (vi)	수영하다	su-yeong-ha-da
objecter (vt)	반대하다	ban-dae-ha-da
observer (vt)	지켜보다	ji-kyeo-bo-da

ordonner (mil.)	명령하다	myeong-nyeong-ha-da
oublier (vt)	잊다	it-da
ouvrir (vt)	열다	yeol-da
pardonner (vt)	용서하다	yong-seo-ha-da
parler (vi, vt)	말하다	mal-ha-da

participer à ...	참가하다	cham-ga-ha-da
payer (régler)	지불하다	ji-bul-ha-da
penser (vi, vt)	생각하다	saeng-gak-a-da
permettre (vt)	허가하다	heo-ga-ha-da
plaire (être apprécié)	좋아하다	jo-a-ha-da

plaisanter (vi)	농담하다	nong-dam-ha-da
planifier (vt)	계획하다	gye-hoek-a-da
pleurer (vi)	울다	ul-da
posséder (vt)	소유하다	so-yu-ha-da
pouvoir (v aux)	할 수 있다	hal su it-da
préférer (vt)	선호하다	seon-ho-ha-da

prendre (vt)	잡다	jap-da
prendre en note	적다	jeok-da
prendre le petit déjeuner	아침을 먹다	a-chi-meul meok-da
préparer (le dîner)	요리하다	yo-ri-ha-da
prévoir (vt)	예상하다	ye-sang-ha-da

prier (~ Dieu)	기도하다	gi-do-ha-da
promettre (vt)	약속하다	yak-sok-a-da
prononcer (vt)	발음하다	ba-reum-ha-da
proposer (vt)	제안하다	je-an-ha-da
punir (vt)	처벌하다	cheo-beol-ha-da

16. Les verbes les plus importants. Partie 4

recommander (vt)	추천하다	chu-cheon-ha-da
regretter (vt)	후회하다	hu-hoe-ha-da
répéter (dire encore)	반복하다	ban-bok-a-da
répondre (vi, vt)	대답하다	dae-da-pa-da
réserver (une chambre)	예약하다	ye-yak-a-da
rester silencieux	침묵을 지키다	chim-mu-geul ji-ki-da
réunir (regrouper)	연합하다	yeon-ha-pa-da

rire (vi)	웃다	ut-da
s'arrêter (vp)	정지하다	jeong-ji-ha-da
s'asseoir (vp)	앉다	an-da
sauver (la vie à qn)	구조하다	gu-jo-ha-da
savoir (qch)	알다	al-da
se baigner (vp)	수영하다	su-yeong-ha-da
se plaindre (vp)	불평하다	bul-pyeong-ha-da
se refuser (vp)	거절하다	geo-jeol-ha-da
se tromper (vp)	실수하다	sil-su-ha-da
se vanter (vp)	자랑하다	ja-rang-ha-da
s'étonner (vp)	놀라다	nol-la-da
s'excuser (vp)	사과하다	sa-gwa-ha-da
signer (vt)	서명하다	seo-myeong-ha-da
signifier (vt)	의미하다	ui-mi-ha-da
s'intéresser (vp)	… 에 관심을 가지다	… e gwan-si-meul ga-ji-da
sortir (aller dehors)	나가다	na-ga-da
sourire (vi)	미소를 짓다	mi-so-reul jit-da
sous-estimer (vt)	과소평가하다	gwa-so-pyeong-ga-ha-da
suivre … (suivez-moi)	… 를 따라가다	… reul tta-ra-ga-da
tirer (vi)	쏘다	sso-da
tomber (vi)	떨어지다	tteo-reo-ji-da
toucher (avec les mains)	닿다	da-ta
tourner (~ à gauche)	돌다	dol-da
traduire (vt)	번역하다	beo-nyeok-a-da
travailler (vi)	일하다	il-ha-da
tromper (vt)	속이다	so-gi-da
trouver (vt)	찾다	chat-da
tuer (vt)	죽이다	ju-gi-da
vendre (vt)	팔다	pal-da
venir (vi)	도착하다	do-chak-a-da
voir (vt)	보다	bo-da
voler (avion, oiseau)	날다	nal-da
voler (qch à qn)	훔치다	hum-chi-da
vouloir (vt)	원하다	won-ha-da

LA NOTION DE TEMPS.
LE CALENDRIER

T&P Books Publishing

17. Les jours de la semaine

lundi (m)	월요일	wo-ryo-il
mardi (m)	화요일	hwa-yo-il
mercredi (m)	수요일	su-yo-il
jeudi (m)	목요일	mo-gyo-il
vendredi (m)	금요일	geu-myo-il
samedi (m)	토요일	to-yo-il
dimanche (m)	일요일	i-ryo-il
aujourd'hui (adv)	오늘	o-neul
demain (adv)	내일	nae-il
après-demain (adv)	모레	mo-re
hier (adv)	어제	eo-je
avant-hier (adv)	그저께	geu-jeo-kke
jour (m)	낮	nat
jour (m) ouvrable	근무일	geun-mu-il
jour (m) férié	공휴일	gong-hyu-il
jour (m) de repos	휴일	hyu-il
week-end (m)	주말	ju-mal
toute la journée	하루종일	ha-ru-jong-il
le lendemain	다음날	da-eum-nal
il y a 2 jours	이틀 전	i-teul jeon
la veille	전날	jeon-nal
quotidien (adj)	일간의	il-ga-nui
tous les jours	매일	mae-il
semaine (f)	주	ju
la semaine dernière	지난 주에	ji-nan ju-e
la semaine prochaine	다음 주에	da-eum ju-e
hebdomadaire (adj)	주간의	ju-ga-nui
chaque semaine	매주	mae-ju
2 fois par semaine	일주일에 두번	il-ju-i-re du-beon
tous les mardis	매주 화요일	mae-ju hwa-yo-il

18. Les heures. Le jour et la nuit

matin (m)	아침	a-chim
le matin	아침에	a-chim-e
midi (m)	정오	jeong-o
dans l'après-midi	오후에	o-hu-e
soir (m)	저녁	jeo-nyeok

le soir	저녁에	jeo-nyeo-ge
nuit (f)	밤	bam
la nuit	밤에	bam-e
minuit (f)	자정	ja-jeong

seconde (f)	초	cho
minute (f)	분	bun
heure (f)	시	si
demi-heure (f)	반시간	ban-si-gan
un quart d'heure	십오분	si-bo-bun
quinze minutes	십오분	si-bo-bun
vingt-quatre heures	이십사시간	i-sip-sa-si-gan

lever (m) du soleil	일출	il-chul
aube (f)	새벽	sae-byeok
point (m) du jour	이른 아침	i-reun a-chim
coucher (m) du soleil	저녁 노을	jeo-nyeok no-eul

tôt le matin	이른 아침에	i-reun a-chim-e
ce matin	오늘 아침에	o-neul ra-chim-e
demain matin	내일 아침에	nae-il ra-chim-e

cet après-midi	오늘 오후에	o-neul ro-hu-e
dans l'après-midi	오후에	o-hu-e
demain après-midi	내일 오후에	nae-il ro-hu-e

| ce soir | 오늘 저녁에 | o-neul jeo-nyeo-ge |
| demain soir | 내일 밤에 | nae-il bam-e |

à 3 heures précises	3시 정각에	se-si jeong-ga-ge
autour de 4 heures	4시쯤에	ne-si-jjeu-me
vers midi	12시까지	yeoldu si-kka-ji

dans 20 minutes	20분 안에	isib-bun na-ne
dans une heure	한 시간 안에	han si-gan na-ne
à temps	제시간에	je-si-gan-e

… moins le quart	… 십오 분	… si-bo bun
en une heure	한 시간 내에	han si-gan nae-e
tous les quarts d'heure	15분 마다	sibo-bun ma-da
24 heures sur 24	하루종일	ha-ru-jong-il

19. Les mois. Les saisons

janvier (m)	일월	i-rwol
février (m)	이월	i-wol
mars (m)	삼월	sam-wol
avril (m)	사월	sa-wol
mai (m)	오월	o-wol
juin (m)	유월	yu-wol

juillet (m)	칠월	chi-rwol
août (m)	팔월	pa-rwol
septembre (m)	구월	gu-wol
octobre (m)	시월	si-wol
novembre (m)	십일월	si-bi-rwol
décembre (m)	십이월	si-bi-wol
printemps (m)	봄	bom
au printemps	봄에	bom-e
de printemps (adj)	봄의	bom-ui
été (m)	여름	yeo-reum
en été	여름에	yeo-reum-e
d'été (adj)	여름의	yeo-reu-mui
automne (m)	가을	ga-eul
en automne	가을에	ga-eu-re
d'automne (adj)	가을의	ga-eu-rui
hiver (m)	겨울	gyeo-ul
en hiver	겨울에	gyeo-u-re
d'hiver (adj)	겨울의	gyeo-ul
mois (m)	월, 달	wol, dal
ce mois	이번 달에	i-beon da-re
le mois prochain	다음 달에	da-eum da-re
le mois dernier	지난 달에	ji-nan da-re
il y a un mois	한달 전에	han-dal jeon-e
dans un mois	한 달 안에	han dal ra-ne
dans 2 mois	두 달 안에	du dal ra-ne
tout le mois	한 달 내내	han dal lae-nae
tout un mois	한달간 내내	han-dal-gan nae-nae
mensuel (adj)	월간의	wol-ga-nui
mensuellement	매월, 매달	mae-wol, mae-dal
chaque mois	매달	mae-dal
2 fois par mois	한 달에 두 번	han da-re du beon
année (f)	년	nyeon
cette année	올해	ol-hae
l'année prochaine	내년	nae-nyeon
l'année dernière	작년	jang-nyeon
il y a un an	일년 전	il-lyeon jeon
dans un an	일 년 안에	il lyeon na-ne
dans 2 ans	이 년 안에	i nyeon na-ne
toute l'année	한 해 전체	han hae jeon-che
toute une année	일년 내내	il-lyeon nae-nae
chaque année	매년	mae-nyeon
annuel (adj)	연간의	yeon-ga-nui

annuellement	매년	mae-nyeon
4 fois par an	일년에 네 번	il-lyeon-e ne beon
date (f) (jour du mois)	날짜	nal-jja
date (f) (~ mémorable)	월일	wo-ril
calendrier (m)	달력	dal-lyeok
six mois	반년	ban-nyeon
semestre (m)	육개월	yuk-gae-wol
saison (f)	계절	gye-jeol
siècle (m)	세기	se-gi

LES VOYAGES. L'HÔTEL

T&P Books Publishing

20. Les voyages. Les excursions

tourisme (m)	관광	gwan-gwang
touriste (m)	관광객	gwan-gwang-gaek
voyage (m) (à l'étranger)	여행	yeo-haeng
aventure (f)	모험	mo-heom
voyage (m)	여행	yeo-haeng
vacances (f pl)	휴가	hyu-ga
être en vacances	휴가 중이다	hyu-ga jung-i-da
repos (m) (jours de ~)	휴양	hyu-yang
train (m)	기차	gi-cha
en train	기차로	gi-cha-ro
avion (m)	비행기	bi-haeng-gi
en avion	비행기로	bi-haeng-gi-ro
en voiture	자동차로	ja-dong-cha-ro
en bateau	배로	bae-ro
bagage (m)	짐, 수하물	jim, su-ha-mul
malle (f)	여행 가방	yeo-haeng ga-bang
chariot (m)	수하물 카트	su-ha-mul ka-teu
passeport (m)	여권	yeo-gwon
visa (m)	비자	bi-ja
ticket (m)	표	pyo
billet (m) d'avion	비행기표	bi-haeng-gi-pyo
guide (m) (livre)	여행 안내서	yeo-haeng an-nae-seo
carte (f)	지도	ji-do
région (f) (~ rurale)	지역	ji-yeok
endroit (m)	곳	got
exotisme (m)	이국	i-guk
exotique (adj)	이국적인	i-guk-jeo-gin
étonnant (adj)	놀라운	nol-la-un
groupe (m)	무리	mu-ri
excursion (f)	견학, 관광	gyeon-hak, gwan-gwang
guide (m) (personne)	가이드	ga-i-deu

21. L'hôtel

hôtel (m), auberge (f)	호텔	ho-tel
motel (m)	모텔	mo-tel

3 étoiles	3성급	sam-seong-geub
5 étoiles	5성급	o-seong-geub
descendre (à l'hôtel)	머무르다	meo-mu-reu-da
chambre (f)	객실	gaek-sil
chambre (f) simple	일인실	i-rin-sil
chambre (f) double	더블룸	deo-beul-lum
réserver une chambre	방을 예약하다	bang-eul rye-yak-a-da
demi-pension (f)	하숙	ha-suk
pension (f) complète	식사 제공	sik-sa je-gong
avec une salle de bain	욕조가 있는	yok-jo-ga in-neun
avec une douche	샤워가 있는	sya-wo-ga in-neun
télévision (f) par satellite	위성 텔레비전	wi-seong tel-le-bi-jeon
climatiseur (m)	에어컨	e-eo-keon
serviette (f)	수건	su-geon
clé (f)	열쇠	yeol-soe
administrateur (m)	관리자	gwal-li-ja
femme (f) de chambre	객실 청소부	gaek-sil cheong-so-bu
porteur (m)	포터	po-teo
portier (m)	도어맨	do-eo-maen
restaurant (m)	레스토랑	re-seu-to-rang
bar (m)	바	ba
petit déjeuner (m)	아침식사	a-chim-sik-sa
dîner (m)	저녁식사	jeo-nyeok-sik-sa
buffet (m)	뷔페	bwi-pe
hall (m)	로비	ro-bi
ascenseur (m)	엘리베이터	el-li-be-i-teo
PRIÈRE DE NE PAS DÉRANGER	방해하지 마세요	bang-hae-ha-ji ma-se-yo
DÉFENSE DE FUMER	금연	geu-myeon

22. Le tourisme

monument (m)	기념비	gi-nyeom-bi
forteresse (f)	요새	yo-sae
palais (m)	궁전	gung-jeon
château (m)	성	seong
tour (f)	탑	tap
mausolée (m)	영묘	yeong-myo
architecture (f)	건축	geon-chuk
médiéval (adj)	중세의	jung-se-ui
ancien (adj)	고대의	go-dae-ui
national (adj)	국가의	guk-ga-ui

connu (adj)	유명한	yu-myeong-han
touriste (m)	관광객	gwan-gwang-gaek
guide (m) (personne)	가이드	ga-i-deu
excursion (f)	견학, 관광	gyeon-hak, gwan-gwang
montrer (vt)	보여주다	bo-yeo-ju-da
raconter (une histoire)	이야기하다	i-ya-gi-ha-da
trouver (vt)	찾다	chat-da
se perdre (vp)	길을 잃다	gi-reul ril-ta
plan (m) (du metro, etc.)	노선도	no-seon-do
carte (f) (de la ville, etc.)	지도	ji-do
souvenir (m)	기념품	gi-nyeom-pum
boutique (f) de souvenirs	기념품 가게	gi-nyeom-pum ga-ge
prendre en photo	사진을 찍다	sa-ji-neul jjik-da
se faire prendre en photo	사진을 찍다	sa-ji-neul jjik-da

LES TRANSPORTS

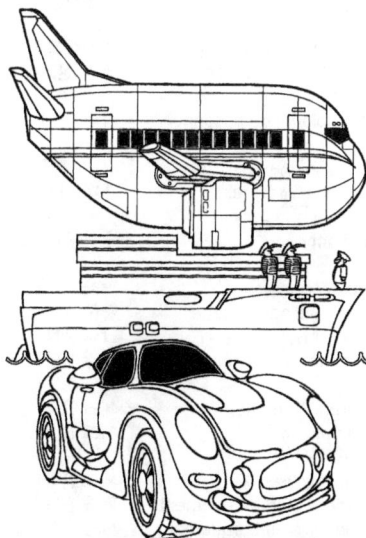

T&P Books Publishing

aéroport (m)	공항	gong-hang
avion (m)	비행기	bi-haeng-gi
compagnie (f) aérienne	항공사	hang-gong-sa
contrôleur (m) aérien	관제사	gwan-je-sa
départ (m)	출발	chul-bal
arrivée (f)	도착	do-chak
arriver (par avion)	도착하다	do-chak-a-da
temps (m) de départ	출발시간	chul-bal-si-gan
temps (m) d'arrivée	도착시간	do-chak-si-gan
être retardé	연기되다	yeon-gi-doe-da
retard (m) de l'avion	항공기 지연	hang-gong-gi ji-yeon
tableau (m) d'informations	안내 전광판	an-nae jeon-gwang-pan
information (f)	정보	jeong-bo
annoncer (vt)	알리다	al-li-da
vol (m)	비행편	bi-haeng-pyeon
douane (f)	세관	se-gwan
douanier (m)	세관원	se-gwan-won
déclaration (f) de douane	세관신고서	se-gwan-sin-go-seo
remplir la déclaration	세관 신고서를 작성하다	se-gwan sin-go-seo-reul jak-seong-ha-da
contrôle (m) de passeport	여권 검사	yeo-gwon geom-sa
bagage (m)	짐, 수하물	jim, su-ha-mul
bagage (m) à main	휴대 가능 수하물	hyu-dae ga-neung su-ha-mul
chariot (m)	수하물 카트	su-ha-mul ka-teu
atterrissage (m)	착륙	chang-nyuk
piste (f) d'atterrissage	활주로	hwal-ju-ro
atterrir (vi)	착륙하다	chang-nyuk-a-da
escalier (m) d'avion	승강계단	seung-gang-gye-dan
enregistrement (m)	체크인	che-keu-in
comptoir (m) d'enregistrement	체크인 카운터	che-keu-in ka-un-teo
s'enregistrer (vp)	체크인하다	che-keu-in-ha-da
carte (f) d'embarquement	탑승권	tap-seung-gwon
porte (f) d'embarquement	탑승구	tap-seung-gu

transit (m)	트랜싯, 환승	teu-raen-sit, hwan-seung
attendre (vt)	기다리다	gi-da-ri-da
salle (f) d'attente	공항 라운지	gong-hang na-un-ji
raccompagner (à l'aéroport, etc.)	배웅하다	bae-ung-ha-da
dire au revoir	작별인사를 하다	jak-byeo-rin-sa-reul ha-da

24. L'avion

avion (m)	비행기	bi-haeng-gi
billet (m) d'avion	비행기표	bi-haeng-gi-pyo
compagnie (f) aérienne	항공사	hang-gong-sa
aéroport (m)	공항	gong-hang
supersonique (adj)	초음속의	cho-eum-so-gui
pilote (m)	비행사	bi-haeng-sa
hôtesse (f) de l'air	승무원	seung-mu-won
navigateur (m)	항법사	hang-beop-sa
ailes (f pl)	날개	nal-gae
queue (f)	꼬리	kko-ri
cabine (f)	조종석	jo-jong-seok
moteur (m)	엔진	en-jin
train (m) d'atterrissage	착륙 장치	chang-nyuk jang-chi
turbine (f)	터빈	teo-bin
hélice (f)	추진기	chu-jin-gi
boîte (f) noire	블랙박스	beul-laek-bak-seu
gouvernail (m)	조종간	jo-jong-gan
carburant (m)	연료	yeol-lyo
consigne (f) de sécurité	안전 안내서	an-jeon an-nae-seo
masque (m) à oxygène	산소 마스크	san-so ma-seu-keu
uniforme (m)	제복	je-bok
gilet (m) de sauvetage	구명조끼	gu-myeong-jo-kki
parachute (m)	낙하산	nak-a-san
décollage (m)	이륙	i-ryuk
décoller (vi)	이륙하다	i-ryuk-a-da
piste (f) de décollage	활주로	hwal-ju-ro
visibilité (f)	시계	si-gye
vol (m) (~ d'oiseau)	비행	bi-haeng
altitude (f)	고도	go-do
trou (m) d'air	에어 포켓	e-eo po-ket
place (f)	자리	ja-ri
écouteurs (m pl)	헤드폰	he-deu-pon
tablette (f)	접는 테이블	jeom-neun te-i-beul
hublot (m)	창문	chang-mun
couloir (m)	통로	tong-no

25. Le train

train (m)	기차, 열차	gi-cha, nyeol-cha
train (m) de banlieue	통근 열차	tong-geun nyeol-cha
TGV (m)	급행 열차	geu-paeng yeol-cha
locomotive (f) diesel	디젤 기관차	di-jel gi-gwan-cha
locomotive (f) à vapeur	증기 기관차	jeung-gi gi-gwan-cha
wagon (m)	객차	gaek-cha
wagon-restaurant (m)	식당차	sik-dang-cha
rails (m pl)	레일	re-il
chemin (m) de fer	철도	cheol-do
traverse (f)	침목	chim-mok
quai (m)	플랫폼	peul-laet-pom
voie (f)	길	gil
sémaphore (m)	신호기	sin-ho-gi
station (f)	역	yeok
conducteur (m) de train	기관사	gi-gwan-sa
porteur (m)	포터	po-teo
steward (m)	차장	cha-jang
passager (m)	승객	seung-gaek
contrôleur (m) de billets	검표원	geom-pyo-won
couloir (m)	통로	tong-no
frein (m) d'urgence	비상 브레이크	bi-sang beu-re-i-keu
compartiment (m)	침대차	chim-dae-cha
couchette (f)	침대	chim-dae
couchette (f) d'en haut	윗침대	wit-chim-dae
couchette (f) d'en bas	아래 침대	a-rae chim-dae
linge (m) de lit	침구	chim-gu
ticket (m)	표	pyo
horaire (m)	시간표	si-gan-pyo
tableau (m) d'informations	안내 전광판	an-nae jeon-gwang-pan
partir (vi)	떠난다	tteo-na-da
départ (m) (du train)	출발	chul-bal
arriver (le train)	도착하다	do-chak-a-da
arrivée (f)	도착	do-chak
arriver en train	기차로 도착하다	gi-cha-ro do-chak-a-da
prendre le train	기차에 타다	gi-cha-e ta-da
descendre du train	기차에서 내리다	gi-cha-e-seo nae-ri-da
accident (m) ferroviaire	기차 사고	gi-cha sa-go
locomotive (f) à vapeur	증기 기관차	jeung-gi gi-gwan-cha
chauffeur (m)	화부	hwa-bu

| chauffe (f) | 화실 | hwa-sil |
| charbon (m) | 석탄 | seok-tan |

26. Le bateau

| bateau (m) | 배 | bae |
| navire (m) | 배 | bae |

bateau (m) à vapeur	증기선	jeung-gi-seon
paquebot (m)	강배	gang-bae
bateau (m) de croisière	크루즈선	keu-ru-jeu-seon
croiseur (m)	순양함	su-nyang-ham

| yacht (m) | 요트 | yo-teu |
| remorqueur (m) | 예인선 | ye-in-seon |

| voilier (m) | 범선 | beom-seon |
| brigantin (m) | 쌍돛대 범선 | ssang-dot-dae beom-seon |

| brise-glace (m) | 쇄빙선 | swae-bing-seon |
| sous-marin (m) | 잠수함 | jam-su-ham |

canot (m) à rames	보트	bo-teu
dinghy (m)	종선	jong-seon
canot (m) de sauvetage	구조선	gu-jo-seon
canot (m) à moteur	모터보트	mo-teo-bo-teu

capitaine (m)	선장	seon-jang
matelot (m)	수부	su-bu
marin (m)	선원	seon-won
équipage (m)	승무원	seung-mu-won

maître (m) d'équipage	갑판장	gap-pan-jang
cuisinier (m) du bord	요리사	yo-ri-sa
médecin (m) de bord	선의	seon-ui

pont (m)	갑판	gap-pan
mât (m)	돛대	dot-dae
voile (f)	돛	dot

cale (f)	화물칸	hwa-mul-kan
proue (f)	이물	i-mul
poupe (f)	고물	go-mul
rame (f)	노	no
hélice (f)	스크루	seu-keu-ru

cabine (f)	선실	seon-sil
carré (m) des officiers	사관실	sa-gwan-sil
salle (f) des machines	엔진실	en-jin-sil
cabine (f) de T.S.F.	무전실	mu-jeon-sil

onde (f)	전파	jeon-pa
longue-vue (f)	망원경	mang-won-gyeong
cloche (f)	종	jong
pavillon (m)	기	gi
grosse corde (f) tressée	밧줄	bat-jul
nœud (m) marin	매듭	mae-deup
rampe (f)	난간	nan-gan
passerelle (f)	사다리	sa-da-ri
ancre (f)	닻	dat
lever l'ancre	닻을 올리다	da-cheul rol-li-da
jeter l'ancre	닻을 내리다	da-cheul lae-ri-da
chaîne (f) d'ancrage	닻줄	dat-jul
port (m)	항구	hang-gu
embarcadère (m)	부두	bu-du
accoster (vi)	정박시키다	jeong-bak-si-ki-da
larguer les amarres	출항하다	chul-hang-ha-da
voyage (m) (à l'étranger)	여행	yeo-haeng
croisière (f)	크루즈	keu-ru-jeu
cap (m) (suivre un ~)	항로	hang-no
itinéraire (m)	노선	no-seon
chenal (m)	항로	hang-no
bas-fond (m)	얕은 곳	ya-teun got
échouer sur un bas-fond	좌초하다	jwa-cho-ha-da
tempête (f)	폭풍우	pok-pung-u
signal (m)	신호	sin-ho
sombrer (vi)	가라앉다	ga-ra-an-da
SOS (m)	조난 신호	jo-nan sin-ho
bouée (f) de sauvetage	구명부환	gu-myeong-bu-hwan

LA VILLE

T&P Books Publishing

autobus (m)	버스	beo-seu
tramway (m)	전차	jeon-cha
trolleybus (m)	트롤리 버스	teu-rol-li beo-seu
itinéraire (m)	노선	no-seon
numéro (m)	번호	beon-ho

prendre ...	⋯ 타고 가다	... ta-go ga-da
monter (dans l'autobus)	타다	ta-da
descendre de ...	⋯ 에서 내리다	... e-seo nae-ri-da

arrêt (m)	정류장	jeong-nyu-jang
arrêt (m) prochain	다음 정류장	da-eum jeong-nyu-jang
terminus (m)	종점	jong-jeom
horaire (m)	시간표	si-gan-pyo
attendre (vt)	기다리다	gi-da-ri-da

ticket (m)	표	pyo
prix (m) du ticket	요금	yo-geum

caissier (m)	계산원	gye-san-won
contrôle (m) des tickets	검표	geom-pyo
contrôleur (m)	검표원	geom-pyo-won

être en retard	⋯ 시간에 늦다	... si-gan-e neut-da
rater (~ le train)	놓치다	no-chi-da
se dépêcher	서두르다	seo-du-reu-da

taxi (m)	택시	taek-si
chauffeur (m) de taxi	택시 운전 기사	taek-si un-jeon gi-sa
en taxi	택시로	taek-si-ro
arrêt (m) de taxi	택시 정류장	taek-si jeong-nyu-jang
appeler un taxi	택시를 부르다	taek-si-reul bu-reu-da
prendre un taxi	택시를 타다	taek-si-reul ta-da

trafic (m)	교통	gyo-tong
embouteillage (m)	교통 체증	gyo-tong che-jeung
heures (f pl) de pointe	러시 아워	reo-si a-wo
se garer (vp)	주차하다	ju-cha-ha-da
garer (vt)	주차하다	ju-cha-ha-da
parking (m)	주차장	ju-cha-jang

métro (m)	지하철	ji-ha-cheol
station (f)	역	yeok
prendre le métro	지하철을 타다	ji-ha-cheo-reul ta-da

| train (m) | 기차 | gi-cha |
| gare (f) | 기차역 | gi-cha-yeok |

28. La ville. La vie urbaine

ville (f)	도시	do-si
capitale (f)	수도	su-do
village (m)	마을	ma-eul

plan (m) de la ville	도시 지도	do-si ji-do
centre-ville (m)	시내	si-nae
banlieue (f)	근교	geun-gyo
de banlieue (adj)	근교의	geun-gyo-ui

alentours (m pl)	주변	ju-byeon
quartier (m)	한 구획	han gu-hoek
quartier (m) résidentiel	동	dong

trafic (m)	교통	gyo-tong
feux (m pl) de circulation	신호등	sin-ho-deung
transport (m) urbain	대중교통	dae-jung-gyo-tong
carrefour (m)	교차로	gyo-cha-ro

passage (m) piéton	횡단 보도	hoeng-dan bo-do
passage (m) souterrain	지하 보도	ji-ha bo-do
traverser (vt)	건너가다	geon-neo-ga-da
piéton (m)	보행자	bo-haeng-ja
trottoir (m)	인도	in-do

| pont (m) | 다리 | da-ri |
| quai (m) | 강변로 | gang-byeon-no |

allée (f)	길	gil
parc (m)	공원	gong-won
boulevard (m)	대로	dae-ro
place (f)	광장	gwang-jang
avenue (f)	가로	ga-ro
rue (f)	거리	geo-ri
ruelle (f)	골목	gol-mok
impasse (f)	막다른길	mak-da-reun-gil

maison (f)	집	jip
édifice (m)	빌딩	bil-ding
gratte-ciel (m)	고층 건물	go-cheung geon-mul

façade (f)	전면	jeon-myeon
toit (m)	지붕	ji-bung
fenêtre (f)	창문	chang-mun
arc (m)	아치	a-chi
colonne (f)	기둥	gi-dung

coin (m)	모퉁이	mo-tung-i
vitrine (f)	쇼윈도우	syo-win-do-u
enseigne (f)	간판	gan-pan
affiche (f)	포스터	po-seu-teo
affiche (f) publicitaire	광고 포스터	gwang-go po-seu-teo
panneau-réclame (m)	광고판	gwang-go-pan
ordures (f pl)	쓰레기	sseu-re-gi
poubelle (f)	쓰레기통	sseu-re-gi-tong
décharge (f)	쓰레기장	sseu-re-gi-jang
cabine (f) téléphonique	공중 전화	gong-jung jeon-hwa
réverbère (m)	가로등	ga-ro-deung
banc (m)	벤치	ben-chi
policier (m)	경찰관	gyeong-chal-gwan
police (f)	경찰	gyeong-chal
clochard (m)	거지	geo-ji
sans-abri (m)	노숙자	no-suk-ja

29. Les institutions urbaines

magasin (m)	가게, 상점	ga-ge, sang-jeom
pharmacie (f)	약국	yak-guk
opticien (m)	안경 가게	an-gyeong ga-ge
centre (m) commercial	쇼핑몰	syo-ping-mol
supermarché (m)	슈퍼마켓	syu-peo-ma-ket
boulangerie (f)	빵집	ppang-jip
boulanger (m)	제빵사	je-ppang-sa
pâtisserie (f)	제과점	je-gwa-jeom
épicerie (f)	식료품점	sing-nyo-pum-jeom
boucherie (f)	정육점	jeong-yuk-jeom
magasin (m) de légumes	야채 가게	ya-chae ga-ge
marché (m)	시장	si-jang
salon (m) de café	커피숍	keo-pi-syop
restaurant (m)	레스토랑	re-seu-to-rang
brasserie (f)	바	ba
pizzeria (f)	피자 가게	pi-ja ga-ge
salon (m) de coiffure	미장원	mi-jang-won
poste (f)	우체국	u-che-guk
pressing (m)	드라이 클리닝	deu-ra-i keul-li-ning
atelier (m) de photo	사진관	sa-jin-gwan
magasin (m) de chaussures	신발 가게	sin-bal ga-ge
librairie (f)	서점	seo-jeom
magasin (m) d'articles de sport	스포츠용품 매장	seu-po-cheu-yong-pum mae-jang

atelier (m) de retouche	옷 수선 가게	ot su-seon ga-ge
location (f) de vêtements	의류 임대	ui-ryu im-dae
location (f) de films	비디오 대여	bi-di-o dae-yeo
cirque (m)	서커스	seo-keo-seu
zoo (m)	동물원	dong-mu-rwon
cinéma (m)	영화관	yeong-hwa-gwan
musée (m)	박물관	bang-mul-gwan
bibliothèque (f)	도서관	do-seo-gwan
théâtre (m)	극장	geuk-jang
opéra (m)	오페라극장	o-pe-ra-geuk-jang
boîte (f) de nuit	나이트 클럽	na-i-teu keul-leop
casino (m)	카지노	ka-ji-no
mosquée (f)	모스크	mo-seu-keu
synagogue (f)	유대교 회당	yu-dae-gyo hoe-dang
cathédrale (f)	대성당	dae-seong-dang
temple (m)	사원, 신전	sa-won, sin-jeon
église (f)	교회	gyo-hoe
institut (m)	단과대학	dan-gwa-dae-hak
université (f)	대학교	dae-hak-gyo
école (f)	학교	hak-gyo
préfecture (f)	도, 현	do, hyeon
mairie (f)	시청	si-cheong
hôtel (m)	호텔	ho-tel
banque (f)	은행	eun-haeng
ambassade (f)	대사관	dae-sa-gwan
agence (f) de voyages	여행사	yeo-haeng-sa
bureau (m) d'information	안내소	an-nae-so
bureau (m) de change	환전소	hwan-jeon-so
métro (m)	지하철	ji-ha-cheol
hôpital (m)	병원	byeong-won
station-service (f)	주유소	ju-yu-so
parking (m)	주차장	ju-cha-jang

30. Les enseignes. Les panneaux

enseigne (f)	간판	gan-pan
pancarte (f)	안내문	an-nae-mun
poster (m)	포스터	po-seu-teo
indicateur (m) de direction	방향표시	bang-hyang-pyo-si
flèche (f)	화살표	hwa-sal-pyo
avertissement (m)	경고	gyeong-go
panneau d'avertissement	경고판	gyeong-go-pan

avertir (vt)	경고하다	gyeong-go-ha-da
jour (m) de repos	휴일	hyu-il
horaire (m)	시간표	si-gan-pyo
heures (f pl) d'ouverture	영업 시간	yeong-eop si-gan
BIENVENUE!	어서 오세요!	eo-seo o-se-yo!
ENTRÉE	입구	ip-gu
SORTIE	출구	chul-gu
POUSSER	미세요	mi-se-yo
TIRER	당기세요	dang-gi-se-yo
OUVERT	열림	yeol-lim
FERMÉ	닫힘	da-chim
FEMMES	여성전용	yeo-seong-jeo-nyong
HOMMES	남성	nam-seong-jeo-nyong
RABAIS	할인	ha-rin
SOLDES	세일	se-il
NOUVEAU!	신상품	sin-sang-pum
GRATUIT	공짜	gong-jja
ATTENTION!	주의!	ju-ui!
COMPLET	빈 방 없음	bin bang eop-seum
RÉSERVÉ	예약석	ye-yak-seok
ADMINISTRATION	관리부	gwal-li-bu
RÉSERVÉ AU PERSONNEL	직원 전용	ji-gwon jeo-nyong
ATTENTION CHIEN MÉCHANT	개조심	gae-jo-sim
DÉFENSE DE FUMER	금연	geu-myeon
PRIÈRE DE NE PAS TOUCHER	손 대지 마시오!	son dae-ji ma-si-o!
DANGEREUX	위험	wi-heom
DANGER	위험	wi-heom
HAUTE TENSION	고전압	go-jeon-ap
BAIGNADE INTERDITE	수영 금지	su-yeong geum-ji
HORS SERVICE	수리중	su-ri-jung
INFLAMMABLE	가연성 물자	ga-yeon-seong mul-ja
INTERDIT	금지	geum-ji
PASSAGE INTERDIT	출입 금지	chu-rip geum-ji
PEINTURE FRAÎCHE	칠 주의	chil ju-ui

31. Le shopping

acheter (vt)	사다	sa-da
achat (m)	구매	gu-mae

faire des achats	쇼핑하다	syo-ping-ha-da
shopping (m)	쇼핑	syo-ping
être ouvert	열리다	yeol-li-da
être fermé	닫다	dat-da
chaussures (f pl)	신발	sin-bal
vêtement (m)	옷	ot
produits (m pl) de beauté	화장품	hwa-jang-pum
produits (m pl) alimentaires	식품	sik-pum
cadeau (m)	선물	seon-mul
vendeur (m)	판매원	pan-mae-won
vendeuse (f)	여판매원	yeo-pan-mae-won
caisse (f)	계산대	gye-san-dae
miroir (m)	거울	geo-ul
comptoir (m)	계산대	gye-san-dae
cabine (f) d'essayage	탈의실	ta-rui-sil
essayer (robe, etc.)	입어보다	i-beo-bo-da
aller bien (robe, etc.)	어울리다	eo-ul-li-da
plaire (être apprécié)	좋아하다	jo-a-ha-da
prix (m)	가격	ga-gyeok
étiquette (f) de prix	가격표	ga-gyeok-pyo
coûter (vt)	값이 … 이다	gap-si … i-da
Combien?	얼마?	eol-ma?
rabais (m)	할인	ha-rin
pas cher (adj)	비싸지 않은	bi-ssa-ji a-neun
bon marché (adj)	싼	ssan
cher (adj)	비싼	bi-ssan
C'est cher	비쌉니다	bi-ssam-ni-da
location (f)	임대	im-dae
louer (une voiture, etc.)	빌리다	bil-li-da
crédit (m)	신용	si-nyong
à crédit (adv)	신용으로	si-nyong-eu-ro

T&P BOOKS

LES VÊTEMENTS & LES ACCESSOIRES

T&P Books Publishing

32. Les vêtements d'extérieur

vêtement (m)	옷	ot
survêtement (m)	겉옷	geo-tot
vêtement (m) d'hiver	겨울옷	gyeo-u-rot
manteau (m)	코트	ko-teu
manteau (m) de fourrure	모피 외투	mo-pi oe-tu
veste (f) de fourrure	짧은 모피 외투	jjal-beun mo-pi oe-tu
manteau (m) de duvet	패딩점퍼	pae-ding-jeom-peo
veste (f) (~ en cuir)	재킷	jae-kit
imperméable (m)	트렌치코트	teu-ren-chi-ko-teu
imperméable (adj)	방수의	bang-su-ui

33. Les vêtements

chemise (f)	셔츠	syeo-cheu
pantalon (m)	바지	ba-ji
jean (m)	청바지	cheong-ba-ji
veston (m)	재킷	jae-kit
complet (m)	양복	yang-bok
robe (f)	드레스	deu-re-seu
jupe (f)	치마	chi-ma
chemisette (f)	블라우스	beul-la-u-seu
veste (f) en laine	니트 재킷	ni-teu jae-kit
jaquette (f), blazer (m)	재킷	jae-kit
tee-shirt (m)	티셔츠	ti-syeo-cheu
short (m)	반바지	ban-ba-ji
costume (m) de sport	운동복	un-dong-bok
peignoir (m) de bain	목욕가운	mo-gyok-ga-un
pyjama (m)	파자마	pa-ja-ma
chandail (m)	스웨터	seu-we-teo
pull-over (m)	풀오버	pu-ro-beo
gilet (m)	조끼	jo-kki
queue-de-pie (f)	연미복	yeon-mi-bok
smoking (m)	턱시도	teok-si-do
uniforme (m)	제복	je-bok
tenue (f) de travail	작업복	ja-geop-bok

salopette (f)	작업바지	ja-geop-ba-ji
blouse (f) (d'un médecin)	가운	ga-un

34. Les sous-vêtements

sous-vêtements (m pl)	속옷	so-got
maillot (m) de corps	러닝 셔츠	reo-ning syeo-cheu
chaussettes (f pl)	양말	yang-mal
chemise (f) de nuit	잠옷	jam-ot
soutien-gorge (m)	브라	beu-ra
chaussettes (f pl) hautes	무릎길이 스타킹	mu-reup-gi-ri seu-ta-king
collants (m pl)	팬티 스타킹	paen-ti seu-ta-king
bas (m pl)	밴드 스타킹	baen-deu seu-ta-king
maillot (m) de bain	수영복	su-yeong-bok

35. Les chapeaux

chapeau (m)	모자	mo-ja
chapeau (m) feutre	중절모	jung-jeol-mo
casquette (f) de base-ball	야구 모자	ya-gu mo-ja
casquette (f)	플랫캡	peul-laet-kaep
béret (m)	베레모	be-re-mo
capuche (f)	후드	hu-deu
panama (m)	파나마 모자	pa-na-ma mo-ja
bonnet (m) de laine	니트 모자	ni-teu mo-ja
foulard (m)	스카프	seu-ka-peu
chapeau (m) de femme	여성용 모자	yeo-seong-yong mo-ja
casque (m) (d'ouvriers)	안전모	an-jeon-mo
calot (m)	개리슨 캡	gae-ri-seun kaep
casque (m) (~ de moto)	헬멧	hel-met

36. Les chaussures

chaussures (f pl)	신발	sin-bal
bottines (f pl)	구두	gu-du
souliers (m pl) (~ plats)	구두	gu-du
bottes (f pl)	부츠	bu-cheu
chaussons (m pl)	슬리퍼	seul-li-peo
tennis (m pl)	운동화	un-dong-hwa
baskets (f pl)	스니커즈	seu-ni-keo-jeu
sandales (f pl)	샌들	saen-deul

cordonnier (m)	구둣방	gu-dut-bang
talon (m)	굽	gup
paire (f)	켤레	kyeol-le
lacet (m)	끈	kkeun
lacer (vt)	끈을 매다	kkeu-neul mae-da
chausse-pied (m)	구둣주걱	gu-dut-ju-geok
cirage (m)	구두약	gu-du-yak

37. Les accessoires personnels

gants (m pl)	장갑	jang-gap
moufles (f pl)	벙어리장갑	beong-eo-ri-jang-gap
écharpe (f)	목도리	mok-do-ri
lunettes (f pl)	안경	an-gyeong
monture (f)	안경테	an-gyeong-te
parapluie (m)	우산	u-san
canne (f)	지팡이	ji-pang-i
brosse (f) à cheveux	빗, 솔빗	bit, sol-bit
éventail (m)	부채	bu-chae
cravate (f)	넥타이	nek-ta-i
nœud papillon (m)	나비넥타이	na-bi-nek-ta-i
bretelles (f pl)	멜빵	mel-ppang
mouchoir (m)	손수건	son-su-geon
peigne (m)	빗	bit
barrette (f)	머리핀	meo-ri-pin
épingle (f) à cheveux	머리핀	meo-ri-pin
boucle (f)	버클	beo-keul
ceinture (f)	벨트	bel-teu
bandoulière (f)	어깨끈	eo-kkae-kkeun
sac (m)	가방	ga-bang
sac (m) à main	핸드백	haen-deu-baek
sac (m) à dos	배낭	bae-nang

38. Les vêtements. Divers

mode (f)	패션	pae-syeon
à la mode (adj)	유행하는	yu-haeng-ha-neun
couturier, créateur de mode	패션 디자이너	pae-syeon di-ja-i-neo
col (m)	옷깃	ot-git
poche (f)	주머니, 포켓	ju-meo-ni, po-ket

de poche (adj)	주머니의	ju-meo-ni-ui
manche (f)	소매	so-mae
bride (f)	거는 끈	geo-neun kkeun
braguette (f)	바지 지퍼	ba-ji ji-peo

fermeture (f) à glissière	지퍼	ji-peo
agrafe (f)	조임쇠	jo-im-soe
bouton (m)	단추	dan-chu
boutonnière (f)	단춧 구멍	dan-chut gu-meong
s'arracher (bouton)	떨어지다	tteo-reo-ji-da

coudre (vi, vt)	바느질하다	ba-neu-jil-ha-da
broder (vt)	수놓다	su-no-ta
broderie (f)	자수	ja-su
aiguille (f)	바늘	ba-neul
fil (m)	실	sil
couture (f)	솔기	sol-gi

se salir (vp)	더러워지다	deo-reo-wo-ji-da
tache (f)	얼룩	eol-luk
se froisser (vp)	구겨지다	gu-gyeo-ji-da
déchirer (vt)	찢다	jjit-da
mite (f)	좀	jom

39. L'hygiène corporelle. Les cosmétiques

dentifrice (m)	치약	chi-yak
brosse (f) à dents	칫솔	chit-sol
se brosser les dents	이를 닦다	i-reul dak-da

rasoir (m)	면도기	myeon-do-gi
crème (f) à raser	면도용 크림	myeon-do-yong keu-rim
se raser (vp)	깎다	kkak-da

| savon (m) | 비누 | bi-nu |
| shampooing (m) | 샴푸 | syam-pu |

ciseaux (m pl)	가위	ga-wi
lime (f) à ongles	손톱줄	son-top-jul
pinces (f pl) à ongles	손톱깎이	son-top-kka-kki
pince (f) à épiler	족집게	jok-jip-ge

produits (m pl) de beauté	화장품	hwa-jang-pum
masque (m) de beauté	얼굴 마스크	eol-gul ma-seu-keu
manucure (f)	매니큐어	mae-ni-kyu-eo
se faire les ongles	매니큐어를 칠하다	mae-ni-kyu-eo-reul chil-ha-da

pédicurie (f)	페디큐어	pe-di-kyu-eo
trousse (f) de toilette	화장품 가방	hwa-jang-pum ga-bang
poudre (f)	분	bun

poudrier (m)	콤팩트	kom-paek-teu
fard (m) à joues	블러셔	beul-leo-syeo
parfum (m)	향수	hyang-su
eau (f) de toilette	화장수	hwa-jang-su
lotion (f)	로션	ro-syeon
eau de Cologne (f)	오드콜로뉴	o-deu-kol-lo-nyu
fard (m) à paupières	아이섀도	a-i-syae-do
crayon (m) à paupières	아이라이너	a-i-ra-i-neo
mascara (m)	마스카라	ma-seu-ka-ra
rouge (m) à lèvres	립스틱	rip-seu-tik
vernis (m) à ongles	매니큐어	mae-ni-kyu-eo
laque (f) pour les cheveux	헤어 스프레이	he-eo seu-peu-re-i
déodorant (m)	데오도란트	de-o-do-ran-teu
crème (f)	크림	keu-rim
crème (f) pour le visage	얼굴 크림	eol-gul keu-rim
crème (f) pour les mains	핸드 크림	haen-deu keu-rim
crème (f) anti-rides	주름제거 크림	ju-reum-je-geo keu-rim
de jour (adj)	낮의	na-jui
de nuit (adj)	밤의	ba-mui
tampon (m)	탐폰	tam-pon
papier (m) de toilette	화장지	hwa-jang-ji
sèche-cheveux (m)	헤어 드라이어	he-eo deu-ra-i-eo

40. Les montres. Les horloges

montre (f)	손목 시계	son-mok si-gye
cadran (m)	문자반	mun-ja-ban
aiguille (f)	바늘	ba-neul
bracelet (m)	금속제 시계줄	geum-sok-je si-gye-jul
bracelet (m) (en cuir)	시계줄	si-gye-jul
pile (f)	건전지	geon-jeon-ji
être déchargé	나가다	na-ga-da
changer de pile	배터리를 갈다	bae-teo-ri-reul gal-da
avancer (vi)	빨리 가다	ppal-li ga-da
retarder (vi)	늦게 가다	neut-ge ga-da
pendule (f)	벽시계	byeok-si-gye
sablier (m)	모래시계	mo-rae-si-gye
cadran (m) solaire	해시계	hae-si-gye
réveil (m)	알람 시계	al-lam si-gye
horloger (m)	시계 기술자	si-gye gi-sul-ja
réparer (vt)	수리하다	su-ri-ha-da

L'EXPÉRIENCE QUOTIDIENNE

T&P Books Publishing

argent (m)	돈	don
échange (m)	환전	hwan-jeon
cours (m) de change	환율	hwa-nyul
distributeur (m)	현금 자동 지급기	hyeon-geum ja-dong ji-geup-gi
monnaie (f)	동전	dong-jeon
dollar (m)	달러	dal-leo
euro (m)	유로	yu-ro
lire (f)	리라	ri-ra
mark (m) allemand	마르크	ma-reu-keu
franc (m)	프랑	peu-rang
livre sterling (f)	파운드	pa-un-deu
yen (m)	엔	en
dette (f)	빚	bit
débiteur (m)	채무자	chae-mu-ja
prêter (vt)	빌려주다	bil-lyeo-ju-da
emprunter (vt)	빌리다	bil-li-da
banque (f)	은행	eun-haeng
compte (m)	계좌	gye-jwa
verser dans le compte	계좌에 입금하다	ip-geum-ha-da
retirer du compte	출금하다	chul-geum-ha-da
carte (f) de crédit	신용 카드	si-nyong ka-deu
espèces (f pl)	현금	hyeon-geum
chèque (m)	수표	su-pyo
faire un chèque	수표를 끊다	su-pyo-reul kkeun-ta
chéquier (m)	수표책	su-pyo-chaek
portefeuille (m)	지갑	ji-gap
bourse (f)	동전지갑	dong-jeon-ji-gap
coffre fort (m)	금고	geum-go
héritier (m)	상속인	sang-so-gin
héritage (m)	유산	yu-san
fortune (f)	재산, 큰돈	jae-san, keun-don
location (f)	임대	im-dae
loyer (m) (argent)	집세	jip-se
louer (prendre en location)	임대하다	im-dae-ha-da
prix (m)	가격	ga-gyeok

| coût (m) | 비용 | bi-yong |
| somme (f) | 액수 | aek-su |

dépenser (vt)	쓰다	sseu-da
dépenses (f pl)	출비를	chul-bi-reul
économiser (vt)	절약하다	jeo-ryak-a-da
économe (adj)	경제적인	gyeong-je-jeo-gin

payer (régler)	지불하다	ji-bul-ha-da
paiement (m)	지불	ji-bul
monnaie (f) (rendre la ~)	거스름돈	geo-seu-reum-don

impôt (m)	세금	se-geum
amende (f)	벌금	beol-geum
mettre une amende	벌금을 부과하다	beol-geu-meul bu-gwa-ha-da

42. La poste. Les services postaux

poste (f)	우체국	u-che-guk
courrier (m) (lettres, etc.)	우편물	u-pyeon-mul
facteur (m)	우체부	u-che-bu
heures (f pl) d'ouverture	영업 시간	yeong-eop si-gan

lettre (f)	편지	pyeon-ji
recommandé (m)	등기 우편	deung-gi u-pyeon
carte (f) postale	엽서	yeop-seo
télégramme (m)	전보	jeon-bo
colis (m)	소포	so-po
mandat (m) postal	송금	song-geum

recevoir (vt)	받다	bat-da
envoyer (vt)	보내다	bo-nae-da
envoi (m)	발송	bal-song
adresse (f)	주소	ju-so
code (m) postal	우편 번호	u-pyeon beon-ho
expéditeur (m)	발송인	bal-song-in
destinataire (m)	수신인	su-sin-in

| prénom (m) | 이름 | i-reum |
| nom (m) de famille | 성 | seong |

tarif (m)	요금	yo-geum
normal (adj)	일반의	il-ba-nui
économique (adj)	경제적인	gyeong-je-jeo-gin

poids (m)	무게	mu-ge
peser (~ les lettres)	무게를 달다	mu-ge-reul dal-da
enveloppe (f)	봉투	bong-tu
timbre (m)	우표	u-pyo

43. Les opérations bancaires

banque (f)	은행	eun-haeng
agence (f) bancaire	지점	ji-jeom
conseiller (m)	행원	haeng-won
gérant (m)	지배인	ji-bae-in
compte (m)	은행계좌	eun-haeng-gye-jwa
numéro (m) du compte	계좌 번호	gye-jwa beon-ho
compte (m) courant	당좌	dang-jwa
compte (m) sur livret	보통 예금	bo-tong ye-geum
ouvrir un compte	계좌를 열다	gye-jwa-reul ryeol-da
clôturer le compte	계좌를 해지하다	gye-jwa-reul hae-ji-ha-da
verser dans le compte	계좌에 입금하다	ip-geum-ha-da
retirer du compte	출금하다	chul-geum-ha-da
dépôt (m)	저금	jeo-geum
faire un dépôt	입금하다	ip-geum-ha-da
virement (m) bancaire	송금	song-geum
faire un transfert	송금하다	song-geum-ha-da
somme (f)	액수	aek-su
Combien?	얼마?	eol-ma?
signature (f)	서명	seo-myeong
signer (vt)	서명하다	seo-myeong-ha-da
carte (f) de crédit	신용 카드	si-nyong ka-deu
code (m)	비밀번호	bi-mil-beon-ho
numéro (m) de carte de crédit	신용 카드 번호	si-nyong ka-deu beon-ho
distributeur (m)	현금 자동 지급기	hyeon-geum ja-dong ji-geup-gi
chèque (m)	수표	su-pyo
faire un chèque	수표를 끊다	su-pyo-reul kkeun-ta
chéquier (m)	수표책	su-pyo-chaek
crédit (m)	대출	dae-chul
demander un crédit	대출 신청하다	dae-chul sin-cheong-ha-da
prendre un crédit	대출을 받다	dae-chu-reul bat-da
accorder un crédit	대출하다	dae-chul-ha-da
gage (m)	담보	dam-bo

44. Le téléphone. La conversation téléphonique

téléphone (m)	전화	jeon-hwa
portable (m)	휴대폰	hyu-dae-pon

répondeur (m)	자동 응답기	ja-dong eung-dap-gi
téléphoner, appeler	전화하다	jeon-hwa-ha-da
appel (m)	통화	tong-hwa

composer le numéro	번호로 걸다	beon-ho-ro geol-da
Allô!	여보세요!	yeo-bo-se-yo!
demander (~ l'heure)	묻다	mut-da
répondre (vi, vt)	전화를 받다	jeon-hwa-reul bat-da

entendre (bruit, etc.)	듣다	deut-da
bien (adv)	잘	jal
mal (adv)	좋지 않은	jo-chi a-neun
bruits (m pl)	잡음	ja-beum

récepteur (m)	수화기	su-hwa-gi
décrocher (vt)	전화를 받다	jeon-hwa-reul bat-da
raccrocher (vi)	전화를 끊다	jeon-hwa-reul kkeun-ta

occupé (adj)	통화 중인	tong-hwa jung-in
sonner (vi)	울리다	ul-li-da
carnet (m) de téléphone	전화 번호부	jeon-hwa beon-ho-bu

local (adj)	시내의	si-nae-ui
interurbain (adj)	장거리의	jang-geo-ri-ui
international (adj)	국제적인	guk-je-jeo-gin

45. Le téléphone portable

portable (m)	휴대폰	hyu-dae-pon
écran (m)	화면	hwa-myeon
bouton (m)	버튼	beo-teun
carte SIM (f)	SIM 카드	SIM ka-deu

pile (f)	건전지	geon-jeon-ji
être déchargé	나가다	na-ga-da
chargeur (m)	충전기	chung-jeon-gi

menu (m)	메뉴	me-nyu
réglages (m pl)	설정	seol-jeong
mélodie (f)	벨소리	bel-so-ri
sélectionner (vt)	선택하다	seon-taek-a-da

| calculatrice (f) | 계산기 | gye-san-gi |
| répondeur (m) | 자동 응답기 | ja-dong eung-dap-gi |

| réveil (m) | 알람 시계 | al-lam si-gye |
| contacts (m pl) | 연락처 | yeol-lak-cheo |

| SMS (m) | 문자 메시지 | mun-ja me-si-ji |
| abonné (m) | 가입자 | ga-ip-ja |

46. La papeterie

stylo (m) à bille	볼펜	bol-pen
stylo (m) à plume	만년필	man-nyeon-pil
crayon (m)	연필	yeon-pil
marqueur (m)	형광펜	hyeong-gwang-pen
feutre (m)	사인펜	sa-in-pen
bloc-notes (m)	공책	gong-chaek
agenda (m)	수첩	su-cheop
règle (f)	자	ja
calculatrice (f)	계산기	gye-san-gi
gomme (f)	지우개	ji-u-gae
punaise (f)	압정	ap-jeong
trombone (m)	클립	keul-lip
colle (f)	접착제	jeop-chak-je
agrafeuse (f)	호치키스	ho-chi-ki-seu
perforateur (m)	펀치	peon-chi
taille-crayon (m)	연필깎이	yeon-pil-kka-kki

47. Les langues étrangères

langue (f)	언어	eon-eo
langue (f) étrangère	외국어	oe-gu-geo
étudier (vt)	공부하다	gong-bu-ha-da
apprendre (~ l'arabe)	배우다	bae-u-da
lire (vi, vt)	읽다	ik-da
parler (vi, vt)	말하다	mal-ha-da
comprendre (vt)	이해하다	i-hae-ha-da
écrire (vt)	쓰다	sseu-da
vite (adv)	빨리	ppal-li
lentement (adv)	천천히	cheon-cheon-hi
couramment (adv)	유창하게	yu-chang-ha-ge
règles (f pl)	규칙	gyu-chik
grammaire (f)	문법	mun-beop
vocabulaire (m)	어휘	eo-hwi
phonétique (f)	음성학	eum-seong-hak
manuel (m)	교과서	gyo-gwa-seo
dictionnaire (m)	사전	sa-jeon
manuel (m) autodidacte	자습서	ja-seup-seo
guide (m) de conversation	회화집	hoe-hwa-jip
cassette (f)	테이프	te-i-peu

cassette (f) vidéo	비디오테이프	bi-di-o-te-i-peu
CD (m)	씨디	ssi-di
DVD (m)	디비디	di-bi-di
alphabet (m)	알파벳	al-pa-bet
épeler (vt)	··· 의 철자이다	... ui cheol-ja-i-da
prononciation (f)	발음	ba-reum
accent (m)	악센트	ak-sen-teu
avec un accent	사투리로	sa-tu-ri-ro
sans accent	억양 없이	eo-gyang eop-si
mot (m)	단어	dan-eo
sens (m)	의미	ui-mi
cours (m pl)	강좌	gang-jwa
s'inscrire (vp)	등록하다	deung-nok-a-da
professeur (m) (~ d'anglais)	강사	gang-sa
traduction (f) (action)	번역	beo-nyeok
traduction (f) (texte)	번역	beo-nyeok
traducteur (m)	번역가	beo-nyeok-ga
interprète (m)	통역가	tong-yeok-ga
polyglotte (m)	수개 국어를 말하는 사람	su-gae gu-geo-reul mal-ha-neun sa-ram
mémoire (f)	기억력	gi-eong-nyeok

LES REPAS.
LE RESTAURANT

T&P Books Publishing

48. Le dressage de la table

cuillère (f)	숟가락	sut-ga-rak
couteau (m)	나이프	na-i-peu
fourchette (f)	포크	po-keu
tasse (f)	컵	keop
assiette (f)	접시	jeop-si
soucoupe (f)	받침 접시	bat-chim jeop-si
serviette (f)	냅킨	naep-kin
cure-dent (m)	이쑤시개	i-ssu-si-gae

49. Le restaurant

restaurant (m)	레스토랑	re-seu-to-rang
salon (m) de café	커피숍	keo-pi-syop
bar (m)	바	ba
salon (m) de thé	카페, 티룸	ka-pe, ti-rum
serveur (m)	웨이터	we-i-teo
serveuse (f)	웨이트리스	we-i-teu-ri-seu
barman (m)	바텐더	ba-ten-deo
carte (f)	메뉴판	me-nyu-pan
carte (f) des vins	와인 메뉴	wa-in me-nyu
réserver une table	테이블 예약을 하다	te-i-beul rye-ya-geul ha-da
plat (m)	요리, 코스	yo-ri, ko-seu
commander (vt)	주문하다	ju-mun-ha-da
faire la commande	주문을 하다	ju-mu-neul ha-da
apéritif (m)	아페리티프	a-pe-ri-ti-peu
hors-d'œuvre (m)	애피타이저	ae-pi-ta-i-jeo
dessert (m)	디저트	di-jeo-teu
addition (f)	계산서	gye-san-seo
régler l'addition	계산하다	gye-san-ha-da
rendre la monnaie	거스름돈을 주다	geo-seu-reum-do-neul ju-da
pourboire (m)	팁	tip

50. Les repas

nourriture (f)	음식	eum-sik
manger (vi, vt)	먹다	meok-da
petit déjeuner (m)	아침식사	a-chim-sik-sa
prendre le petit déjeuner	아침을 먹다	a-chi-meul meok-da
déjeuner (m)	점심식사	jeom-sim-sik-sa
déjeuner (vi)	점심을 먹다	jeom-si-meul meok-da
dîner (m)	저녁식사	jeo-nyeok-sik-sa
dîner (vi)	저녁을 먹다	jeo-nyeo-geul meok-da
appétit (m)	식욕	si-gyok
Bon appétit!	맛있게 드십시오!	man-nit-ge deu-sip-si-o!
ouvrir (vt)	열다	yeol-da
renverser (liquide)	엎지르다	eop-ji-reu-da
se renverser (liquide)	쏟아지다	sso-da-ji-da
bouillir (vi)	끓다	kkeul-ta
faire bouillir	끓이다	kkeu-ri-da
bouilli (l'eau ~e)	끓인	kkeu-rin
refroidir (vt)	식히다	sik-i-da
se refroidir (vp)	식다	sik-da
goût (m)	맛	mat
arrière-goût (m)	뒷 맛	dwit mat
suivre un régime	살을 빼다	sa-reul ppae-da
régime (m)	다이어트	da-i-eo-teu
vitamine (f)	비타민	bi-ta-min
calorie (f)	칼로리	kal-lo-ri
végétarien (m)	채식주의자	chae-sik-ju-ui-ja
végétarien (adj)	채식주의의	chae-sik-ju-ui-ui
lipides (m pl)	지방	ji-bang
protéines (f pl)	단백질	dan-baek-jil
glucides (m pl)	탄수화물	tan-su-hwa-mul
tranche (f)	조각	jo-gak
morceau (m)	조각	jo-gak
miette (f)	부스러기	bu-seu-reo-gi

51. Les plats cuisinés

plat (m)	요리, 코스	yo-ri, ko-seu
cuisine (f)	요리	yo-ri
recette (f)	요리법	yo-ri-beop
portion (f)	분량	bul-lyang

salade (f)	샐러드	sael-leo-deu
soupe (f)	수프	su-peu
bouillon (m)	육수	yuk-su
sandwich (m)	샌드위치	saen-deu-wi-chi
les œufs brouillés	계란후라이	gye-ran-hu-ra-i
hamburger (m)	햄버거	haem-beo-geo
steak (m)	비프스테이크	bi-peu-seu-te-i-keu
garniture (f)	사이드 메뉴	sa-i-deu me-nyu
spaghettis (m pl)	스파게티	seu-pa-ge-ti
purée (f)	으깬 감자	eu-kkaen gam-ja
pizza (f)	피자	pi-ja
bouillie (f)	죽	juk
omelette (f)	오믈렛	o-meul-let
cuit à l'eau (adj)	삶은	sal-meun
fumé (adj)	훈제된	hun-je-doen
frit (adj)	튀긴	twi-gin
sec (adj)	말린	mal-lin
congelé (adj)	얼린	eol-lin
mariné (adj)	초절인	cho-jeo-rin
sucré (adj)	단	dan
salé (adj)	짠	jjan
froid (adj)	차가운	cha-ga-un
chaud (adj)	뜨거운	tteu-geo-un
amer (adj)	쓴	sseun
bon (savoureux)	맛있는	man-nin-neun
cuire à l'eau	삶다	sam-da
préparer (le dîner)	요리하다	yo-ri-ha-da
faire frire	부치다	bu-chi-da
réchauffer (vt)	데우다	de-u-da
saler (vt)	소금을 넣다	so-geu-meul leo-ta
poivrer (vt)	후추를 넣다	hu-chu-reul leo-ta
râper (vt)	강판에 갈다	gang-pa-ne gal-da
peau (f)	껍질	kkeop-jil
éplucher (vt)	껍질 벗기다	kkeop-jil beot-gi-da

52. Les aliments

viande (f)	고기	go-gi
poulet (m)	닭고기	dak-go-gi
poulet (m) (poussin)	영계	yeong-gye
canard (m)	오리고기	o-ri-go-gi
oie (f)	거위고기	geo-wi-go-gi
gibier (m)	사냥감	sa-nyang-gam

dinde (f)	칠면조고기	chil-myeon-jo-go-gi
du porc	돼지고기	dwae-ji-go-gi
du veau	송아지 고기	song-a-ji go-gi
du mouton	양고기	yang-go-gi
du bœuf	소고기	so-go-gi
lapin (m)	토끼고기	to-kki-go-gi
saucisson (m)	소시지	so-si-ji
saucisse (f)	비엔나 소시지	bi-en-na so-si-ji
bacon (m)	베이컨	be-i-keon
jambon (m)	햄	haem
cuisse (f)	개면	gae-meon
pâté (m)	파테	pa-te
foie (m)	간	gan
farce (f)	다진 고기	da-jin go-gi
langue (f)	혀	hyeo
œuf (m)	계란	gye-ran
les œufs	계란	gye-ran
blanc (m) d'œuf	흰자	huin-ja
jaune (m) d'œuf	노른자	no-reun-ja
poisson (m)	생선	saeng-seon
fruits (m pl) de mer	해물	hae-mul
caviar (m)	캐비어	kae-bi-eo
crabe (m)	게	ge
crevette (f)	새우	sae-u
huître (f)	굴	gul
langoustine (f)	대하	dae-ha
poulpe (m)	문어	mun-eo
calamar (m)	오징어	o-jing-eo
esturgeon (m)	철갑상어	cheol-gap-sang-eo
saumon (m)	연어	yeon-eo
flétan (m)	넙치	neop-chi
morue (f)	대구	dae-gu
maquereau (m)	고등어	go-deung-eo
thon (m)	참치	cham-chi
anguille (f)	뱀장어	baem-jang-eo
truite (f)	송어	song-eo
sardine (f)	정어리	jeong-eo-ri
brochet (m)	강꼬치고기	gang-kko-chi-go-gi
hareng (m)	청어	cheong-eo
pain (m)	빵	ppang
fromage (m)	치즈	chi-jeu
sucre (m)	설탕	seol-tang
sel (m)	소금	so-geum

riz (m)	쌀	ssal
pâtes (m pl)	파스타	pa-seu-ta
nouilles (f pl)	면	myeon
beurre (m)	버터	beo-teo
huile (f) végétale	식물유	sing-mu-ryu
huile (f) de tournesol	해바라기유	hae-ba-ra-gi-yu
margarine (f)	마가린	ma-ga-rin
olives (f pl)	올리브	ol-li-beu
huile (f) d'olive	올리브유	ol-li-beu-yu
lait (m)	우유	u-yu
lait (m) condensé	연유	yeo-nyu
yogourt (m)	요구르트	yo-gu-reu-teu
crème (f) aigre	사워크림	sa-wo-keu-rim
crème (f) (de lait)	크림	keu-rim
sauce (f) mayonnaise	마요네즈	ma-yo-ne-jeu
crème (f) au beurre	버터크림	beo-teo-keu-rim
gruau (m)	곡물	gong-mul
farine (f)	밀가루	mil-ga-ru
conserves (f pl)	통조림	tong-jo-rim
pétales (m pl) de maïs	콘플레이크	kon-peul-le-i-keu
miel (m)	꿀	kkul
confiture (f)	잼	jaem
gomme (f) à mâcher	껌	kkeom

53. Les boissons

eau (f)	물	mul
eau (f) potable	음료수	eum-nyo-su
eau (f) minérale	미네랄 워터	mi-ne-ral rwo-teo
plate (adj)	탄산 없는	tan-san neom-neun
gazeuse (l'eau ~)	탄산의	tan-sa-nui
pétillante (adj)	탄산이 든	tan-san-i deun
glace (f)	얼음	eo-reum
avec de la glace	얼음을 넣은	eo-reu-meul leo-eun
sans alcool	무알코올의	mu-al-ko-o-rui
boisson (f) non alcoolisée	청량음료	cheong-nyang-eum-nyo
rafraîchissement (m)	청량 음료	cheong-nyang eum-nyo
limonade (f)	레모네이드	re-mo-ne-i-deu
boissons (f pl) alcoolisées	술	sul
vin (m)	와인	wa-in
vin (m) blanc	백 포도주	baek po-do-ju

vin (m) rouge	레드 와인	re-deu wa-in
liqueur (f)	리큐르	ri-kyu-reu
champagne (m)	샴페인	syam-pe-in
vermouth (m)	베르무트	be-reu-mu-teu
whisky (m)	위스키	wi-seu-ki
vodka (f)	보드카	bo-deu-ka
gin (m)	진	jin
cognac (m)	코냑	ko-nyak
rhum (m)	럼	reom
café (m)	커피	keo-pi
café (m) noir	블랙 커피	beul-laek keo-pi
café (m) au lait	밀크 커피	mil-keu keo-pi
cappuccino (m)	카푸치노	ka-pu-chi-no
café (m) soluble	인스턴트 커피	in-seu-teon-teu keo-pi
lait (m)	우유	u-yu
cocktail (m)	칵테일	kak-te-il
cocktail (m) au lait	밀크 셰이크	mil-keu sye-i-keu
jus (m)	주스	ju-seu
jus (m) de tomate	토마토 주스	to-ma-to ju-seu
jus (m) d'orange	오렌지 주스	o-ren-ji ju-seu
jus (m) pressé	생과일주스	saeng-gwa-il-ju-seu
bière (f)	맥주	maek-ju
bière (f) blonde	라거	ra-geo
bière (f) brune	흑맥주	heung-maek-ju
thé (m)	차	cha
thé (m) noir	홍차	hong-cha
thé (m) vert	녹차	nok-cha

54. Les légumes

légumes (m pl)	채소	chae-so
verdure (f)	녹황색 채소	nok-wang-saek chae-so
tomate (f)	토마토	to-ma-to
concombre (m)	오이	o-i
carotte (f)	당근	dang-geun
pomme (f) de terre	감자	gam-ja
oignon (m)	양파	yang-pa
ail (m)	마늘	ma-neul
chou (m)	양배추	yang-bae-chu
chou-fleur (m)	컬리플라워	keol-li-peul-la-wo
chou (m) de Bruxelles	방울다다기 양배추	bang-ul-da-da-gi yang-bae-chu

brocoli (m)	브로콜리	beu-ro-kol-li
betterave (f)	비트	bi-teu
aubergine (f)	가지	ga-ji
courgette (f)	애호박	ae-ho-bak
potiron (m)	호박	ho-bak
navet (m)	순무	sun-mu
persil (m)	파슬리	pa-seul-li
fenouil (m)	딜	dil
laitue (f) (salade)	양상추	yang-sang-chu
céleri (m)	셀러리	sel-leo-ri
asperge (f)	아스파라거스	a-seu-pa-ra-geo-seu
épinard (m)	시금치	si-geum-chi
pois (m)	완두	wan-du
fèves (f pl)	콩	kong
maïs (m)	옥수수	ok-su-su
haricot (m)	강낭콩	gang-nang-kong
poivron (m)	피망	pi-mang
radis (m)	무	mu
artichaut (m)	아티초크	a-ti-cho-keu

55. Les fruits. Les noix

fruit (m)	과일	gwa-il
pomme (f)	사과	sa-gwa
poire (f)	배	bae
citron (m)	레몬	re-mon
orange (f)	오렌지	o-ren-ji
fraise (f)	딸기	ttal-gi
mandarine (f)	귤	gyul
prune (f)	자두	ja-du
pêche (f)	복숭아	bok-sung-a
abricot (m)	살구	sal-gu
framboise (f)	라즈베리	ra-jeu-be-ri
ananas (m)	파인애플	pa-in-ae-peul
banane (f)	바나나	ba-na-na
pastèque (f)	수박	su-bak
raisin (m)	포도	po-do
cerise (f)	신양	si-nyang
merise (f)	양벚나무	yang-beon-na-mu
melon (m)	멜론	mel-lon
pamplemousse (m)	자몽	ja-mong
avocat (m)	아보카도	a-bo-ka-do
papaye (f)	파파야	pa-pa-ya
mangue (f)	망고	mang-go

grenade (f)	석류	seong-nyu
groseille (f) rouge	레드커렌트	re-deu-keo-ren-teu
cassis (m)	블랙커렌트	beul-laek-keo-ren-teu
groseille (f) verte	구스베리	gu-seu-be-ri
myrtille (f)	빌베리	bil-be-ri
mûre (f)	블랙베리	beul-laek-be-ri
raisin (m) sec	건포도	geon-po-do
figue (f)	무화과	mu-hwa-gwa
datte (f)	대추야자	dae-chu-ya-ja
cacahuète (f)	땅콩	ttang-kong
amande (f)	아몬드	a-mon-deu
noix (f)	호두	ho-du
noisette (f)	개암	gae-am
noix (f) de coco	코코넛	ko-ko-neot
pistaches (f pl)	피스타치오	pi-seu-ta-chi-o

56. Le pain. Les confiseries

confiserie (f)	과자류	gwa-ja-ryu
pain (m)	빵	ppang
biscuit (m)	쿠키	ku-ki
chocolat (m)	초콜릿	cho-kol-lit
en chocolat (adj)	초콜릿의	cho-kol-lis-ui
bonbon (m)	사탕	sa-tang
gâteau (m), pâtisserie (f)	케이크	ke-i-keu
tarte (f)	케이크	ke-i-keu
gâteau (m)	파이	pa-i
garniture (f)	속	sok
confiture (f)	잼	jaem
marmelade (f)	마멀레이드	ma-meol-le-i-deu
gaufre (f)	와플	wa-peul
glace (f)	아이스크림	a-i-seu-keu-rim

57. Les épices

sel (m)	소금	so-geum
salé (adj)	짜	jja
saler (vt)	소금을 넣다	so-geu-meul leo-ta
poivre (m) noir	후추	hu-chu
poivre (m) rouge	고춧가루	go-chut-ga-ru
moutarde (f)	겨자	gyeo-ja
raifort (m)	고추냉이	go-chu-naeng-i

condiment (m)	양념	yang-nyeom
épice (f)	향료	hyang-nyo
sauce (f)	소스	so-seu
vinaigre (m)	식초	sik-cho
anis (m)	아니스	a-ni-seu
basilic (m)	바질	ba-jil
clou (m) de girofle	정향	jeong-hyang
gingembre (m)	생강	saeng-gang
coriandre (m)	고수	go-su
cannelle (f)	계피	gye-pi
sésame (m)	깨	kkae
feuille (f) de laurier	월계수잎	wol-gye-su-ip
paprika (m)	파프리카	pa-peu-ri-ka
cumin (m)	캐러웨이	kae-reo-we-i
safran (m)	사프란	sa-peu-ran

LES DONNÉES PERSONNELLES. PERSONNELLES. LA FAMILLE

58. Les données personnelles. Les formulaires

prénom (m)	이름	i-reum
nom (m) de famille	성	seong
date (f) de naissance	생년월일	saeng-nyeon-wo-ril
lieu (m) de naissance	탄생지	tan-saeng-ji
nationalité (f)	국적	guk-jeok
domicile (m)	거소	geo-so
pays (m)	나라	na-ra
profession (f)	직업	ji-geop
sexe (m)	성별	seong-byeol
taille (f)	키	ki
poids (m)	몸무게	mom-mu-ge

59. La famille. Les liens de parenté

mère (f)	어머니	eo-meo-ni
père (m)	아버지	a-beo-ji
fils (m)	아들	a-deul
fille (f)	딸	ttal
fille (f) cadette	작은딸	ja-geun-ttal
fils (m) cadet	작은아들	ja-geun-a-deul
fille (f) aînée	맏딸	mat-ttal
fils (m) aîné	맏아들	ma-da-deul
frère (m)	형제	hyeong-je
sœur (f)	자매	ja-mae
cousin (m)	사촌 형제	sa-chon hyeong-je
cousine (f)	사촌 자매	sa-chon ja-mae
maman (f)	엄마	eom-ma
papa (m)	아빠	a-ppa
parents (m pl)	부모	bu-mo
enfant (m, f)	아이, 아동	a-i, a-dong
enfants (pl)	아이들	a-i-deul
grand-mère (f)	할머니	hal-meo-ni
grand-père (m)	할아버지	ha-ra-beo-ji
petit-fils (m)	손자	son-ja
petite-fille (f)	손녀	son-nyeo

petits-enfants (pl)	손자들	son-ja-deul
oncle (m)	삼촌	sam-chon
neveu (m)	조카	jo-ka
nièce (f)	조카딸	jo-ka-ttal
belle-mère (f)	장모	jang-mo
beau-père (m)	시아버지	si-a-beo-ji
gendre (m)	사위	sa-wi
belle-mère (f)	계모	gye-mo
beau-père (m)	계부	gye-bu
nourrisson (m)	영아	yeong-a
bébé (m)	아기	a-gi
petit (m)	꼬마	kko-ma
femme (f)	아내	a-nae
mari (m)	남편	nam-pyeon
époux (m)	배우자	bae-u-ja
épouse (f)	배우자	bae-u-ja
marié (adj)	결혼한	gyeol-hon-han
mariée (adj)	결혼한	gyeol-hon-han
célibataire (adj)	미혼의	mi-hon-ui
célibataire (m)	미혼 남자	mi-hon nam-ja
divorcé (adj)	이혼한	i-hon-han
veuve (f)	과부	gwa-bu
veuf (m)	홀아비	ho-ra-bi
parent (m)	친척	chin-cheok
parent (m) proche	가까운 친척	ga-kka-un chin-cheok
parent (m) éloigné	먼 친척	meon chin-cheok
parents (m pl)	친척들	chin-cheok-deul
orphelin (m), orpheline (f)	고아	go-a
tuteur (m)	후견인	hu-gyeon-in
adopter (un garçon)	입양하다	i-byang-ha-da
adopter (une fille)	입양하다	i-byang-ha-da

60. Les amis. Les collègues

ami (m)	친구	chin-gu
amie (f)	친구	chin-gu
amitié (f)	우정	u-jeong
être ami	사귀다	sa-gwi-da
copain (m)	벗	beot
copine (f)	벗	beot
partenaire (m)	파트너	pa-teu-neo
chef (m)	상사	sang-sa
supérieur (m)	윗사람	wit-sa-ram

subordonné (m)	부하	bu-ha
collègue (m, f)	동료	dong-nyo
connaissance (f)	아는 사람	a-neun sa-ram
compagnon (m) de route	동행자	dong-haeng-ja
copain (m) de classe	동급생	dong-geup-saeng
voisin (m)	이웃	i-ut
voisine (f)	이웃	i-ut
voisins (m pl)	이웃들	i-ut-deul

T&P BOOKS

LE CORPS HUMAIN.
LES MÉDICAMENTS

T&P Books Publishing

tête (f)	머리	meo-ri
visage (m)	얼굴	eol-gul
nez (m)	코	ko
bouche (f)	입	ip
œil (m)	눈	nun
les yeux	눈	nun
pupille (f)	눈동자	nun-dong-ja
sourcil (m)	눈썹	nun-sseop
cil (m)	속눈썹	song-nun-sseop
paupière (f)	눈꺼풀	nun-kkeo-pul
langue (f)	혀	hyeo
dent (f)	이	i
lèvres (f pl)	입술	ip-sul
pommettes (f pl)	광대뼈	gwang-dae-ppyeo
gencive (f)	잇몸	in-mom
palais (m)	입천장	ip-cheon-jang
narines (f pl)	콧구멍	kot-gu-meong
menton (m)	턱	teok
mâchoire (f)	턱	teok
joue (f)	뺨, 볼	ppyam, bol
front (m)	이마	i-ma
tempe (f)	관자놀이	gwan-ja-no-ri
oreille (f)	귀	gwi
nuque (f)	뒤통수	dwi-tong-su
cou (m)	목	mok
gorge (f)	목구멍	mok-gu-meong
cheveux (m pl)	머리털, 헤어	meo-ri-teol, he-eo
coiffure (f)	머리 스타일	meo-ri seu-ta-il
coupe (f)	헤어컷	he-eo-keot
perruque (f)	가발	ga-bal
moustache (f)	콧수염	kot-su-yeom
barbe (f)	턱수염	teok-su-yeom
porter (~ la barbe)	기르다	gi-reu-da
tresse (f)	땋은 머리	tta-eun meo-ri
favoris (m pl)	구레나룻	gu-re-na-rut
roux (adj)	빨강머리의	ppal-gang-meo-ri-ui
gris, grisonnant (adj)	흰머리의	huin-meo-ri-ui

chauve (adj)	대머리인	dae-meo-ri-in
calvitie (f)	땜통	ttaem-tong
queue (f) de cheval	말총머리	mal-chong-meo-ri
frange (f)	앞머리	am-meo-ri

62. Le corps humain

main (f)	손	son
bras (m)	팔	pal
doigt (m)	손가락	son-ga-rak
pouce (m)	엄지손가락	eom-ji-son-ga-rak
petit doigt (m)	새끼손가락	sae-kki-son-ga-rak
ongle (m)	손톱	son-top
poing (m)	주먹	ju-meok
paume (f)	손바닥	son-ba-dak
poignet (m)	손목	son-mok
avant-bras (m)	전박	jeon-bak
coude (m)	팔꿈치	pal-kkum-chi
épaule (f)	어깨	eo-kkae
jambe (f)	다리	da-ri
pied (m)	발	bal
genou (m)	무릎	mu-reup
mollet (m)	종아리	jong-a-ri
hanche (f)	엉덩이	eong-deong-i
talon (m)	발뒤꿈치	bal-dwi-kkum-chi
corps (m)	몸	mom
ventre (m)	배	bae
poitrine (f)	가슴	ga-seum
sein (m)	가슴	ga-seum
côté (m)	옆구리	yeop-gu-ri
dos (m)	등	deung
reins (région lombaire)	허리	heo-ri
taille (f) (~ de guêpe)	허리	heo-ri
nombril (m)	배꼽	bae-kkop
fesses (f pl)	엉덩이	eong-deong-i
derrière (m)	엉덩이	eong-deong-i
grain (m) de beauté	점	jeom
tache (f) de vin	모반	mo-ban
tatouage (m)	문신	mun-sin
cicatrice (f)	흉터	hyung-teo

63. Les maladies

maladie (f)	병	byeong
être malade	눕다	nup-da
santé (f)	건강	geon-gang
rhume (m) (coryza)	비염	bi-yeom
angine (f)	편도염	pyeon-do-yeom
refroidissement (m)	감기	gam-gi
prendre froid	감기에 걸리다	gam-gi-e geol-li-da
bronchite (f)	기관지염	gi-gwan-ji-yeom
pneumonie (f)	폐렴	pye-ryeom
grippe (f)	독감	dok-gam
myope (adj)	근시의	geun-si-ui
presbyte (adj)	원시의	won-si-ui
strabisme (m)	사시	sa-si
strabique (adj)	사시인	sa-si-in
cataracte (f)	백내장	baeng-nae-jang
glaucome (m)	녹내장	nong-nae-jang
insulte (f)	뇌졸중	noe-jol-jung
crise (f) cardiaque	심장마비	sim-jang-ma-bi
infarctus (m) de myocarde	심근경색증	sim-geun-gyeong-saek-jeung
paralysie (f)	마비	ma-bi
paralyser (vt)	마비되다	ma-bi-doe-da
allergie (f)	알레르기	al-le-reu-gi
asthme (m)	천식	cheon-sik
diabète (m)	당뇨병	dang-nyo-byeong
mal (m) de dents	치통, 이앓이	chi-tong, i-a-ri
carie (f)	충치	chung-chi
diarrhée (f)	설사	seol-sa
constipation (f)	변비증	byeon-bi-jeung
estomac (m) barbouillé	배탈	bae-tal
intoxication (f) alimentaire	식중독	sik-jung-dok
être intoxiqué	식중독에 걸리다	sik-jung-do-ge geol-li-da
arthrite (f)	관절염	gwan-jeo-ryeom
rachitisme (m)	구루병	gu-ru-byeong
rhumatisme (m)	류머티즘	ryu-meo-ti-jeum
gastrite (f)	위염	wi-yeom
appendicite (f)	맹장염	maeng-jang-yeom
cholécystite (f)	담낭염	dam-nang-yeom
ulcère (m)	궤양	gwe-yang
rougeole (f)	홍역	hong-yeok

rubéole (f)	풍진	pung-jin
jaunisse (f)	황달	hwang-dal
hépatite (f)	간염	gan-nyeom
schizophrénie (f)	정신 분열증	jeong-sin bu-nyeol-jeung
rage (f) (hydrophobie)	광견병	gwang-gyeon-byeong
névrose (f)	신경증	sin-gyeong-jeung
commotion (f) cérébrale	뇌진탕	noe-jin-tang
cancer (m)	암	am
sclérose (f)	경화증	gyeong-hwa-jeung
sclérose (f) en plaques	다발성 경화증	da-bal-seong gyeong-hwa-jeung
alcoolisme (m)	알코올 중독	al-ko-ol jung-dok
alcoolique (m)	알코올 중독자	al-ko-ol jung-dok-ja
syphilis (f)	매독	mae-dok
SIDA (m)	에이즈	e-i-jeu
tumeur (f)	종양	jong-yang
maligne (adj)	악성의	ak-seong-ui
bénigne (adj)	양성의	yang-seong-ui
fièvre (f)	열병	yeol-byeong
malaria (f)	말라리아	mal-la-ri-a
gangrène (f)	괴저	goe-jeo
mal (m) de mer	뱃멀미	baen-meol-mi
épilepsie (f)	간질	gan-jil
épidémie (f)	유행병	yu-haeng-byeong
typhus (m)	발진티푸스	bal-jin-ti-pu-seu
tuberculose (f)	결핵	gyeol-haek
choléra (m)	콜레라	kol-le-ra
peste (f)	페스트	pe-seu-teu

64. Les symptômes. Le traitement. Partie 1

symptôme (m)	증상	jeung-sang
température (f)	체온	che-on
fièvre (f)	열	yeol
pouls (m)	맥박	maek-bak
vertige (m)	현기증	hyeon-gi-jeung
chaud (adj)	뜨거운	tteu-geo-un
frisson (m)	전율	jeo-nyul
pâle (adj)	창백한	chang-baek-an
toux (f)	기침	gi-chim
tousser (vi)	기침을 하다	gi-chi-meul ha-da
éternuer (vi)	재채기하다	jae-chae-gi-ha-da

évanouissement (m)	실신	sil-sin
s'évanouir (vp)	실신하다	sil-sin-ha-da
bleu (m)	멍	meong
bosse (f)	혹	hok
se heurter (vp)	부딪치다	bu-dit-chi-da
meurtrissure (f)	타박상	ta-bak-sang
se faire mal	타박상을 입다	ta-bak-sang-eul rip-da
boiter (vi)	절다	jeol-da
foulure (f)	탈구	tal-gu
se démettre (l'épaule, etc.)	탈구하다	tal-gu-ha-da
fracture (f)	골절	gol-jeol
avoir une fracture	골절하다	gol-jeol-ha-da
coupure (f)	베인	be-in
se couper (~ le doigt)	베다	jeol-chang-eul rip-da
hémorragie (f)	출혈	chul-hyeol
brûlure (f)	화상	hwa-sang
se brûler (vp)	데다	de-da
se piquer (le doigt)	찌르다	jji-reu-da
se piquer (vp)	찔리다	jjil-li-da
blesser (vt)	다치다	da-chi-da
blessure (f)	부상	bu-sang
plaie (f) (blessure)	부상	bu-sang
trauma (m)	정신적 외상	jeong-sin-jeok goe-sang
délirer (vi)	망상을 겪다	mang-sang-eul gyeok-da
bégayer (vi)	말을 더듬다	ma-reul deo-deum-da
insolation (f)	일사병	il-sa-byeong

65.   Les symptômes. Le traitement. Partie 2

douleur (f)	통증	tong-jeung
écharde (f)	가시	ga-si
sueur (f)	땀	ttam
suer (vi)	땀이 나다	ttam-i na-da
vomissement (m)	구토	gu-to
spasmes (m pl)	경련	gyeong-nyeon
enceinte (adj)	임신한	im-sin-han
naître (vi)	태어나다	tae-eo-na-da
accouchement (m)	출산	chul-san
accoucher (vi)	낳다	na-ta
avortement (m)	낙태	nak-tae
respiration (f)	호흡	ho-heup
inhalation (f)	들숨	deul-sum

expiration (f)	날숨	nal-sum
expirer (vi)	내쉬다	nae-swi-da
inspirer (vi)	들이쉬다	deu-ri-swi-da

invalide (m)	장애인	jang-ae-in
handicapé (m)	병신	byeong-sin
drogué (m)	마약 중독자	ma-yak jung-dok-ja

sourd (adj)	귀가 먼	gwi-ga meon
muet (adj)	벙어리인	beong-eo-ri-in
sourd-muet (adj)	농아인	nong-a-in

fou (adj)	미친	mi-chin
fou (m)	광인	gwang-in
folle (f)	광인	gwang-in
devenir fou	미치다	mi-chi-da

gène (m)	유전자	yu-jeon-ja
immunité (f)	면역성	myeo-nyeok-seong
héréditaire (adj)	유전의	yu-jeon-ui
congénital (adj)	선천적인	seon-cheon-jeo-gin

virus (m)	바이러스	ba-i-reo-seu
microbe (m)	미생물	mi-saeng-mul
bactérie (f)	세균	se-gyun
infection (f)	감염	gam-nyeom

66. Les symptômes. Le traitement. Partie 3

| hôpital (m) | 병원 | byeong-won |
| patient (m) | 환자 | hwan-ja |

diagnostic (m)	진단	jin-dan
cure (f) (faire une ~)	치료	chi-ryo
se faire soigner	치료를 받다	chi-ryo-reul bat-da
traiter (un patient)	치료하다	chi-ryo-ha-da
soigner (un malade)	간호하다	gan-ho-ha-da
soins (m pl)	간호	gan-ho

opération (f)	수술	su-sul
panser (vt)	붕대를 감다	bung-dae-reul gam-da
pansement (m)	붕대	bung-dae

vaccination (f)	예방주사	ye-bang-ju-sa
vacciner (vt)	접종하다	jeop-jong-ha-da
piqûre (f)	주사	ju-sa
faire une piqûre	주사하다	ju-sa-ha-da

| amputation (f) | 절단 | jeol-dan |
| amputer (vt) | 절단하다 | jeol-dan-ha-da |

coma (m)	혼수 상태	hon-su sang-tae
être dans le coma	혼수 상태에 있다	hon-su sang-tae-e it-da
réanimation (f)	집중 치료	jip-jung chi-ryo
se rétablir (vp)	회복하다	hoe-bok-a-da
état (m) (de santé)	상태	sang-tae
conscience (f)	의식	ui-sik
mémoire (f)	기억	gi-eok
arracher (une dent)	빼다	ppae-da
plombage (m)	충전물	chung-jeon-mul
plomber (vt)	때우다	ttae-u-da
hypnose (f)	최면	choe-myeon
hypnotiser (vt)	최면을 걸다	choe-myeo-neul geol-da

67. Les médicaments. Les accessoires

médicament (m)	약	yak
remède (m)	약제	yak-je
ordonnance (f)	처방	cheo-bang
comprimé (m)	정제	jeong-je
onguent (m)	연고	yeon-go
ampoule (f)	앰풀	aem-pul
mixture (f)	혼합물	hon-ham-mul
sirop (m)	물약	mul-lyak
pilule (f)	알약	a-ryak
poudre (f)	가루약	ga-ru-yak
bande (f)	거즈 붕대	geo-jeu bung-dae
coton (m) (ouate)	솜	som
iode (m)	요오드	yo-o-deu
sparadrap (m)	반창고	ban-chang-go
compte-gouttes (m)	점안기	jeom-an-gi
thermomètre (m)	체온계	che-on-gye
seringue (f)	주사기	ju-sa-gi
fauteuil (m) roulant	휠체어	hwil-che-eo
béquilles (f pl)	목발	mok-bal
anesthésique (m)	진통제	jin-tong-je
purgatif (m)	완하제	wan-ha-je
alcool (m)	알코올	al-ko-ol
herbe (f) médicinale	약초	yak-cho
d'herbes (adj)	약초의	yak-cho-ui

L'APPARTEMENT

T&P Books Publishing

68. L'appartement

appartement (m)	아파트	a-pa-teu
chambre (f)	방	bang
chambre (f) à coucher	침실	chim-sil
salle (f) à manger	식당	sik-dang
salon (m)	거실	geo-sil
bureau (m)	서재	seo-jae
antichambre (f)	곁방	gyeot-bang
salle (f) de bains	욕실	yok-sil
toilettes (f pl)	화장실	hwa-jang-sil
plafond (m)	천장	cheon-jang
plancher (m)	마루	ma-ru
coin (m)	구석	gu-seok

69. Les meubles. L'intérieur

meubles (m pl)	가구	ga-gu
table (f)	식탁, 테이블	sik-tak, te-i-beul
chaise (f)	의자	ui-ja
lit (m)	침대	chim-dae
canapé (m)	소파	so-pa
fauteuil (m)	안락 의자	al-lak gui-ja
bibliothèque (f) (meuble)	책장	chaek-jang
rayon (m)	책꽂이	chaek-kko-ji
armoire (f)	옷장	ot-jang
patère (f)	옷걸이	ot-geo-ri
portemanteau (m)	스탠드옷걸이	seu-taen-deu-ot-geo-ri
commode (f)	서랍장	seo-rap-jang
table (f) basse	커피 테이블	keo-pi te-i-beul
miroir (m)	거울	geo-ul
tapis (m)	양탄자	yang-tan-ja
petit tapis (m)	러그	reo-geu
cheminée (f)	벽난로	byeong-nan-no
bougie (f)	초	cho
chandelier (m)	촛대	chot-dae
rideaux (m pl)	커튼	keo-teun

| papier (m) peint | 벽지 | byeok-ji |
| jalousie (f) | 블라인드 | beul-la-in-deu |

lampe (f) de table	테이블 램프	deung
applique (f)	벽등	byeok-deung
lampadaire (m)	플로어 스탠드	peul-lo-eo seu-taen-deu
lustre (m)	샹들리에	syang-deul-li-e

pied (m) (~ de la table)	다리	da-ri
accoudoir (m)	팔걸이	pal-geo-ri
dossier (m)	등받이	deung-ba-ji
tiroir (m)	서랍	seo-rap

70. La literie

linge (m) de lit	침구	chim-gu
oreiller (m)	베개	be-gae
taie (f) d'oreiller	베갯잇	be-gaen-nit
couverture (f)	이불	i-bul
drap (m)	시트	si-teu
couvre-lit (m)	침대보	chim-dae-bo

71. La cuisine

cuisine (f)	부엌	bu-eok
gaz (m)	가스	ga-seu
cuisinière (f) à gaz	가스 레인지	ga-seu re-in-ji
cuisinière (f) électrique	전기 레인지	jeon-gi re-in-ji
four (m)	오븐	o-beun
four (m) micro-ondes	전자 레인지	jeon-ja re-in-ji

réfrigérateur (m)	냉장고	naeng-jang-go
congélateur (m)	냉동고	naeng-dong-go
lave-vaisselle (m)	식기 세척기	sik-gi se-cheok-gi

hachoir (m) à viande	고기 분쇄기	go-gi bun-swae-gi
centrifugeuse (f)	과즙기	gwa-jeup-gi
grille-pain (m)	토스터	to-seu-teo
batteur (m)	믹서기	mik-seo-gi

machine (f) à café	커피 메이커	keo-pi me-i-keo
cafetière (f)	커피 주전자	keo-pi ju-jeon-ja
moulin (m) à café	커피 그라인더	keo-pi geu-ra-in-deo

bouilloire (f)	주전자	ju-jeon-ja
théière (f)	티팟	ti-pat
couvercle (m)	뚜껑	ttu-kkeong
passoire (f) à thé	차거름망	cha-geo-reum-mang

cuillère (f)	숟가락	sut-ga-rak
petite cuillère (f)	티스푼	ti-seu-pun
cuillère (f) à soupe	숟가락	sut-ga-rak
fourchette (f)	포크	po-keu
couteau (m)	칼	kal
vaisselle (f)	식기	sik-gi
assiette (f)	접시	jeop-si
soucoupe (f)	받침 접시	bat-chim jeop-si
verre (m) à shot	소주잔	so-ju-jan
verre (m) (~ d'eau)	유리잔	yu-ri-jan
tasse (f)	컵	keop
sucrier (m)	설탕그릇	seol-tang-geu-reut
salière (f)	소금통	so-geum-tong
poivrière (f)	후추통	hu-chu-tong
beurrier (m)	버터 접시	beo-teo jeop-si
casserole (f)	냄비	naem-bi
poêle (f)	프라이팬	peu-ra-i-paen
louche (f)	국자	guk-ja
passoire (f)	체	che
plateau (m)	쟁반	jaeng-ban
bouteille (f)	병	byeong
bocal (m) (à conserves)	유리병	yu-ri-byeong
boîte (f) en fer-blanc	캔, 깡통	kaen, kkang-tong
ouvre-bouteille (m)	병따개	byeong-tta-gae
ouvre-boîte (m)	깡통 따개	kkang-tong tta-gae
tire-bouchon (m)	코르크 마개 뽑이	ko-reu-keu ma-gae ppo-bi
filtre (m)	필터	pil-teo
filtrer (vt)	여과하다	yeo-gwa-ha-da
ordures (f pl)	쓰레기	sseu-re-gi
poubelle (f)	쓰레기통	sseu-re-gi-tong

72. La salle de bains

salle (f) de bains	욕실	yok-sil
eau (f)	물	mul
robinet (m)	수도꼭지	su-do-kkok-ji
eau (f) chaude	온수	on-su
eau (f) froide	냉수	naeng-su
dentifrice (m)	치약	chi-yak
se brosser les dents	이를 닦다	i-reul dak-da
se raser (vp)	깎다	kkak-da
mousse (f) à raser	면도 크림	myeon-do keu-rim

rasoir (m)	면도기	myeon-do-gi
laver (vt)	씻다	ssit-da
se laver (vp)	목욕하다	mo-gyok-a-da
douche (f)	샤워	sya-wo
prendre une douche	샤워하다	sya-wo-ha-da
baignoire (f)	욕조	yok-jo
cuvette (f)	변기	byeon-gi
lavabo (m)	세면대	se-myeon-dae
savon (m)	비누	bi-nu
porte-savon (m)	비누 그릇	bi-nu geu-reut
éponge (f)	스펀지	seu-peon-ji
shampooing (m)	샴푸	syam-pu
serviette (f)	수건	su-geon
peignoir (m) de bain	목욕가운	mo-gyok-ga-un
lessive (f) (faire la ~)	빨래	ppal-lae
machine (f) à laver	세탁기	se-tak-gi
faire la lessive	빨래하다	ppal-lae-ha-da
lessive (f) (poudre)	가루세제	ga-ru-se-je

73. Les appareils électroménagers

téléviseur (m)	텔레비전	tel-le-bi-jeon
magnétophone (m)	카세트 플레이어	ka-se-teu peul-le-i-eo
magnétoscope (m)	비디오테이프 녹화기	bi-di-o-te-i-peu nok-wa-gi
radio (f)	라디오	ra-di-o
lecteur (m)	플레이어	peul-le-i-eo
vidéoprojecteur (m)	프로젝터	peu-ro-jek-teo
home cinéma (m)	홈씨어터	hom-ssi-eo-teo
lecteur DVD (m)	디비디 플레이어	di-bi-di peul-le-i-eo
amplificateur (m)	앰프	aem-peu
console (f) de jeux	게임기	ge-im-gi
caméscope (m)	캠코더	kaem-ko-deo
appareil (m) photo	카메라	ka-me-ra
appareil (m) photo numérique	디지털 카메라	di-ji-teol ka-me-ra
aspirateur (m)	진공 청소기	jin-gong cheong-so-gi
fer (m) à repasser	다리미	da-ri-mi
planche (f) à repasser	다림질 판	da-rim-jil pan
téléphone (m)	전화	jeon-hwa
portable (m)	휴대폰	hyu-dae-pon
machine (f) à écrire	타자기	ta-ja-gi
machine (f) à coudre	재봉틀	jae-bong-teul

micro (m)	마이크	ma-i-keu
écouteurs (m pl)	헤드폰	he-deu-pon
télécommande (f)	원격 조종	won-gyeok jo-jong
CD (m)	씨디	ssi-di
cassette (f)	테이프	te-i-peu
disque (m) (vinyle)	레코드 판	re-ko-deu pan

LA TERRE. LE TEMPS

T&P Books Publishing

74. L'espace cosmique

cosmos (m)	우주	u-ju
cosmique (adj)	우주의	u-ju-ui
espace (m) cosmique	우주 공간	u-ju gong-gan
monde (m)	세계	se-gye
univers (m)	우주	u-ju
galaxie (f)	은하	eun-ha
étoile (f)	별, 항성	byeol, hang-seong
constellation (f)	별자리	byeol-ja-ri
planète (f)	행성	haeng-seong
satellite (m)	인공위성	in-gong-wi-seong
météorite (m)	운석	un-seok
comète (f)	혜성	hye-seong
astéroïde (m)	소행성	so-haeng-seong
orbite (f)	궤도	gwe-do
tourner (vi)	회전한다	hoe-jeon-han-da
atmosphère (f)	대기	dae-gi
Soleil (m)	태양	tae-yang
système (m) solaire	태양계	tae-yang-gye
éclipse (f) de soleil	일식	il-sik
Terre (f)	지구	ji-gu
Lune (f)	달	dal
Mars (m)	화성	hwa-seong
Vénus (f)	금성	geum-seong
Jupiter (m)	목성	mok-seong
Saturne (m)	토성	to-seong
Mercure (m)	수성	su-seong
Uranus (m)	천왕성	cheon-wang-seong
Neptune	해왕성	hae-wang-seong
Pluton (m)	명왕성	myeong-wang-seong
la Voie Lactée	은하수	eun-ha-su
la Grande Ours	큰곰자리	keun-gom-ja-ri
la Polaire	북극성	buk-geuk-seong
martien (m)	화성인	hwa-seong-in
extraterrestre (m)	외계인	oe-gye-in
alien (m)	외계인	oe-gye-in

soucoupe (f) volante	비행 접시	bi-haeng jeop-si
vaisseau (m) spatial	우주선	u-ju-seon
station (f) orbitale	우주 정거장	u-ju jeong-nyu-jang
moteur (m)	엔진	en-jin
tuyère (f)	노즐	no-jeul
carburant (m)	연료	yeol-lyo
cabine (f)	조종석	jo-jong-seok
antenne (f)	안테나	an-te-na
hublot (m)	현창	hyeon-chang
batterie (f) solaire	태양 전지	tae-yang jeon-ji
scaphandre (m)	우주복	u-ju-bok
apesanteur (f)	무중력	mu-jung-nyeok
oxygène (m)	산소	san-so
arrimage (m)	도킹	do-king
s'arrimer à ...	도킹하다	do-king-ha-da
observatoire (m)	천문대	cheon-mun-dae
télescope (m)	망원경	mang-won-gyeong
observer (vt)	관찰하다	gwan-chal-ha-da
explorer (un cosmos)	탐험하다	tam-heom-ha-da

75. La Terre

Terre (f)	지구	ji-gu
globe (m) terrestre	지구	ji-gu
planète (f)	행성	haeng-seong
atmosphère (f)	대기	dae-gi
géographie (f)	지리학	ji-ri-hak
nature (f)	자연	ja-yeon
globe (m) de table	지구의	ji-gu-ui
carte (f)	지도	ji-do
atlas (m)	지도첩	ji-do-cheop
Europe (f)	유럽	yu-reop
Asie (f)	아시아	a-si-a
Afrique (f)	아프리카	a-peu-ri-ka
Australie (f)	호주	ho-ju
Amérique (f)	아메리카 대륙	a-me-ri-ka dae-ryuk
Amérique (f) du Nord	북아메리카	bu-ga-me-ri-ka
Amérique (f) du Sud	남아메리카	nam-a-me-ri-ka
l'Antarctique (m)	남극 대륙	nam-geuk dae-ryuk
l'Arctique (m)	극지방	geuk-ji-bang

76. Les quatre parties du monde

nord (m)	북쪽	buk-jjok
vers le nord	북쪽으로	buk-jjo-geu-ro
au nord	북쪽에	buk-jjo-ge
du nord (adj)	북쪽의	buk-jjo-gui
sud (m)	남쪽	nam-jjok
vers le sud	남쪽으로	nam-jjo-geu-ro
au sud	남쪽에	nam-jjo-ge
du sud (adj)	남쪽의	nam-jjo-gui
ouest (m)	서쪽	seo-jjok
vers l'occident	서쪽으로	seo-jjo-geu-ro
à l'occident	서쪽에	seo-jjo-ge
occidental (adj)	서쪽의	seo-jjo-gui
est (m)	동쪽	dong-jjok
vers l'orient	동쪽으로	dong-jjo-geu-ro
à l'orient	동쪽에	dong-jjo-ge
oriental (adj)	동쪽의	dong-jjo-gui

77. Les océans et les mers

mer (f)	바다	ba-da
océan (m)	대양	dae-yang
golfe (m)	만	man
détroit (m)	해협	hae-hyeop
continent (m)	대륙	dae-ryuk
île (f)	섬	seom
presqu'île (f)	반도	ban-do
archipel (m)	군도	gun-do
baie (f)	만	man
port (m)	항구	hang-gu
lagune (f)	석호	seok-o
cap (m)	곶	got
atoll (m)	환초	hwan-cho
récif (m)	암초	am-cho
corail (m)	산호	san-ho
récif (m) de corail	산호초	san-ho-cho
profond (adj)	깊은	gi-peun
profondeur (f)	깊이	gi-pi
fosse (f) océanique	해구	hae-gu
courant (m)	해류	hae-ryu
baigner (vt) (mer)	둘러싸다	dul-leo-ssa-da

littoral (m)	해변	hae-byeon
côte (f)	바닷가	ba-dat-ga
marée (f) haute	밀물	mil-mul
marée (f) basse	썰물	sseol-mul
banc (m) de sable	모래톱	mo-rae-top
fond (m)	해저	hae-jeo
vague (f)	파도	pa-do
crête (f) de la vague	물마루	mul-ma-ru
mousse (f)	거품	geo-pum
ouragan (m)	허리케인	heo-ri-ke-in
tsunami (m)	해일	hae-il
calme (m)	고요함	go-yo-ham
calme (tranquille)	고요한	go-yo-han
pôle (m)	극	geuk
polaire (adj)	극지의	geuk-ji-ui
latitude (f)	위도	wi-do
longitude (f)	경도	gyeong-do
parallèle (f)	위도선	wi-do-seon
équateur (m)	적도	jeok-do
ciel (m)	하늘	ha-neul
horizon (m)	수평선	su-pyeong-seon
air (m)	공기	gong-gi
phare (m)	등대	deung-dae
plonger (vi)	뛰어들다	ttwi-eo-deul-da
sombrer (vi)	가라앉다	ga-ra-an-da
trésor (m)	보물	bo-mul

78. Les noms des mers et des océans

océan (m) Atlantique	대서양	dae-seo-yang
océan (m) Indien	인도양	in-do-yang
océan (m) Pacifique	태평양	tae-pyeong-yang
océan (m) Glacial	북극해	buk-geuk-ae
mer (f) Noire	흑해	heuk-ae
mer (f) Rouge	홍해	hong-hae
mer (f) Jaune	황해	hwang-hae
mer (f) Blanche	백해	baek-ae
mer (f) Caspienne	카스피 해	ka-seu-pi hae
mer (f) Morte	사해	sa-hae
mer (f) Méditerranée	지중해	ji-jung-hae
mer (f) Égée	에게 해	e-ge hae

mer (f) Adriatique	아드리아 해	a-deu-ri-a hae
mer (f) Arabique	아라비아 해	a-ra-bi-a hae
mer (f) du Japon	동해	dong-hae
mer (f) de Béring	베링 해	be-ring hae
mer (f) de Chine Méridionale	남중국해	nam-jung-guk-ae
mer (f) de Corail	산호해	san-ho-hae
mer (f) de Tasman	태즈먼 해	tae-jeu-meon hae
mer (f) Caraïbe	카리브 해	ka-ri-beu hae
mer (f) de Barents	바렌츠 해	ba-ren-cheu hae
mer (f) de Kara	카라 해	ka-ra hae
mer (f) du Nord	북해	buk-ae
mer (f) Baltique	발트 해	bal-teu hae
mer (f) de Norvège	노르웨이 해	no-reu-we-i hae

79. Les montagnes

montagne (f)	산	san
chaîne (f) de montagnes	산맥	san-maek
crête (f)	능선	neung-seon
sommet (m)	정상	jeong-sang
pic (m)	봉우리	bong-u-ri
pied (m)	기슭	gi-seuk
pente (f)	경사면	gyeong-sa-myeon
volcan (m)	화산	hwa-san
volcan (m) actif	활화산	hwal-hwa-san
volcan (m) éteint	사화산	sa-hwa-san
éruption (f)	폭발	pok-bal
cratère (m)	분화구	bun-hwa-gu
magma (m)	마그마	ma-geu-ma
lave (f)	용암	yong-am
en fusion (lave ~)	녹은	no-geun
canyon (m)	협곡	hyeop-gok
défilé (m) (gorge)	협곡	hyeop-gok
crevasse (f)	갈라진	gal-la-jin
col (m) de montagne	산길	san-gil
plateau (m)	고원	go-won
rocher (m)	절벽	jeol-byeok
colline (f)	언덕, 작은 산	eon-deok, ja-geun san
glacier (m)	빙하	bing-ha
chute (f) d'eau	폭포	pok-po

| geyser (m) | 간헐천 | gan-heol-cheon |
| lac (m) | 호수 | ho-su |

plaine (f)	평원	pyeong-won
paysage (m)	경관	gyeong-gwan
écho (m)	메아리	me-a-ri

| alpiniste (m) | 등산가 | deung-san-ga |
| varappeur (m) | 암벽 등반가 | am-byeok deung-ban-ga |

| conquérir (vt) | 정복하다 | jeong-bok-a-da |
| ascension (f) | 등반 | deung-ban |

80. Les noms des chaînes de montagne

Alpes (f pl)	알프스 산맥	al-peu-seu san-maek
Mont Blanc (m)	몽블랑 산	mong-beul-lang san
Pyrénées (f pl)	피레네 산맥	pi-re-ne san-maek

Carpates (f pl)	카르파티아 산맥	ka-reu-pa-ti-a san-maek
Monts Oural (m pl)	우랄 산맥	u-ral san-maek
Caucase (m)	코카서스 산맥	ko-ka-seo-seu san-maek
Elbrous (m)	엘브루스 산	el-beu-ru-seu san

Altaï (m)	알타이 산맥	al-ta-i san-maek
Tian Chan (m)	톈샨 산맥	ten-syan san-maek
Pamir (m)	파미르 고원	pa-mi-reu go-won
Himalaya (m)	히말라야 산맥	hi-mal-la-ya san-maek
Everest (m)	에베레스트 산	e-be-re-seu-teu san

| Andes (f pl) | 안데스 산맥 | an-de-seu san-maek |
| Kilimandjaro (m) | 킬리만자로 산 | kil-li-man-ja-ro san |

81. Les fleuves

| rivière (f), fleuve (m) | 강 | gang |
| source (f) | 샘 | saem |

lit (m) (d'une rivière)	강바닥	gang-ba-dak
bassin (m)	유역	yu-yeok
se jeter dans ...	··· 로 흘러가다	... ro heul-leo-ga-da

| affluent (m) | 지류 | ji-ryu |
| rive (f) | 둑 | duk |

courant (m)	흐름	heu-reum
en aval	하류로	gang ha-ryu-ro
en amont	상류로	sang-nyu-ro

inondation (f)	홍수	hong-su
les grandes crues	홍수	hong-su
déborder (vt)	범람하다	beom-nam-ha-da
inonder (vt)	범람하다	beom-nam-ha-da
bas-fond (m)	얕은 곳	ya-teun got
rapide (m)	여울	yeo-ul
barrage (m)	댐	daem
canal (m)	운하	un-ha
lac (m) de barrage	저수지	jeo-su-ji
écluse (f)	수문	su-mun
plan (m) d'eau	저장 수량	jeo-jang su-ryang
marais (m)	늪, 소택지	neup, so-taek-ji
fondrière (f)	수렁	su-reong
tourbillon (m)	소용돌이	so-yong-do-ri
ruisseau (m)	개울, 시내	gae-ul, si-nae
potable (adj)	마실 수 있는	ma-sil su in-neun
douce (l'eau ~)	민물의	min-mu-rui
glace (f)	얼음	eo-reum
être gelé	얼다	eol-da

82. Les noms des fleuves

Seine (f)	센 강	sen gang
Loire (f)	루아르 강	ru-a-reu gang
Tamise (f)	템스 강	tem-seu gang
Rhin (m)	라인 강	ra-in gang
Danube (m)	도나우 강	do-na-u gang
Volga (f)	볼가 강	bol-ga gang
Don (m)	돈 강	don gang
Lena (f)	레나 강	re-na gang
Huang He (m)	황허강	hwang-heo-gang
Yangzi Jiang (m)	양자강	yang-ja-gang
Mékong (m)	메콩 강	me-kong gang
Gange (m)	갠지스 강	gaen-ji-seu gang
Nil (m)	나일 강	na-il gang
Congo (m)	콩고 강	kong-go gang
Okavango (m)	오카방고 강	o-ka-bang-go gang
Zambèze (m)	잠베지 강	jam-be-ji gang
Limpopo (m)	림포포 강	rim-po-po gang

83. La forêt

forêt (f)	숲	sup
forestier (adj)	산림의	sal-li-mui
fourré (m)	밀림	mil-lim
bosquet (m)	작은 숲	ja-geun sup
clairière (f)	빈터	bin-teo
broussailles (f pl)	덤불	deom-bul
taillis (m)	관목지	gwan-mok-ji
sentier (m)	오솔길	o-sol-gil
ravin (m)	도랑	do-rang
arbre (m)	나무	na-mu
feuille (f)	잎	ip
feuillage (m)	나뭇잎	na-mun-nip
chute (f) de feuilles	낙엽	na-gyeop
tomber (feuilles)	떨어지다	tteo-reo-ji-da
rameau (m)	가지	ga-ji
branche (f)	큰 가지	keun ga-ji
bourgeon (m)	잎눈	im-nun
aiguille (f)	바늘	ba-neul
pomme (f) de pin	솔방울	sol-bang-ul
creux (m)	구멍	gu-meong
nid (m)	둥지	dung-ji
terrier (m) (~ d'un renard)	굴	gul
tronc (m)	몸통	mom-tong
racine (f)	뿌리	ppu-ri
écorce (f)	껍질	kkeop-jil
mousse (f)	이끼	i-kki
déraciner (vt)	수목을 통제 뽑다	su-mo-geul tong-jjae ppop-da
abattre (un arbre)	자르다	ja-reu-da
déboiser (vt)	삼림을 없애다	sam-ni-meul reop-sae-da
souche (f)	그루터기	geu-ru-teo-gi
feu (m) de bois	모닥불	mo-dak-bul
incendie (m)	산불	san-bul
éteindre (feu)	끄다	kkeu-da
garde (m) forestier	산림경비원	sal-lim-gyeong-bi-won
protection (f)	보호	bo-ho
protéger (vt)	보호하다	bo-ho-ha-da
braconnier (m)	밀렵자	mil-lyeop-ja

piège (m) à mâchoires	덫	deot
cueillir (vt)	따다	tta-da
s'égarer (vp)	길을 잃다	gi-reul ril-ta

84. Les ressources naturelles

ressources (f pl) naturelles	천연 자원	cheo-nyeon ja-won
gisement (m)	매장량	mae-jang-nyang
champ (m) (~ pétrolifère)	지역	ji-yeok

extraire (vt)	채광하다	chae-gwang-ha-da
extraction (f)	막장일	mak-jang-il
minerai (m)	광석	gwang-seok
mine (f) (site)	광산	gwang-san
puits (m) de mine	갱도	gaeng-do
mineur (m)	광부	gwang-bu

| gaz (m) | 가스 | ga-seu |
| gazoduc (m) | 가스관 | ga-seu-gwan |

pétrole (m)	석유	seo-gyu
pipeline (m)	석유 파이프라인	seo-gyu pa-i-peu-ra-in
tour (f) de forage	유정	yu-jeong
derrick (m)	유정탑	yu-jeong-tap
pétrolier (m)	유조선	yu-jo-seon

sable (m)	모래	mo-rae
calcaire (m)	석회석	seok-oe-seok
gravier (m)	자갈	ja-gal
tourbe (f)	토탄	to-tan
argile (f)	점토	jeom-to
charbon (m)	석탄	seok-tan

fer (m)	철	cheol
or (m)	금	geum
argent (m)	은	eun

| nickel (m) | 니켈 | ni-kel |
| cuivre (m) | 구리 | gu-ri |

| zinc (m) | 아연 | a-yeon |
| manganèse (m) | 망간 | mang-gan |

| mercure (m) | 수은 | su-eun |
| plomb (m) | 납 | nap |

minéral (m)	광물	gwang-mul
cristal (m)	수정	su-jeong
marbre (m)	대리석	dae-ri-seok
uranium (m)	우라늄	u-ra-nyum

85. Le temps

temps (m)	날씨	nal-ssi
météo (f)	일기 예보	il-gi ye-bo
température (f)	온도	on-do
thermomètre (m)	온도계	on-do-gye
baromètre (m)	기압계	gi-ap-gye
humidité (f)	습함, 습기	seu-pam, seup-gi
chaleur (f) (canicule)	더위	deo-wi
torride (adj)	더운	deo-un
il fait très chaud	덥다	deop-da
il fait chaud	따뜻하다	tta-tteu-ta-da
chaud (modérément)	따뜻한	tta-tteu-tan
il fait froid	춥다	chup-da
froid (adj)	추운	chu-un
soleil (m)	해	hae
briller (soleil)	빛나다	bin-na-da
ensoleillé (jour ~)	화창한	hwa-chang-han
se lever (vp)	뜨다	tteu-da
se coucher (vp)	지다	ji-da
nuage (m)	구름	gu-reum
nuageux (adj)	구름의	gu-reum-ui
sombre (adj)	흐린	heu-rin
pluie (f)	비	bi
il pleut	비가 오다	bi-ga o-da
pluvieux (adj)	비가 오는	bi-ga o-neun
bruiner (v imp)	이슬비가 내리다	i-seul-bi-ga nae-ri-da
pluie (f) torrentielle	억수	eok-su
averse (f)	호우	ho-u
forte (la pluie ~)	심한	sim-han
flaque (f)	웅덩이	ung-deong-i
se faire mouiller	젖다	jeot-da
brouillard (m)	안개	an-gae
brumeux (adj)	안개가 자욱한	an-gae-ga ja-uk-an
neige (f)	눈	nun
il neige	눈이 오다	nun-i o-da

86. Les intempéries. Les catastrophes naturelles

orage (m)	뇌우	noe-u
éclair (m)	번개	beon-gae

éclater (foudre)	번쩍이다	beon-jjeo-gi-da
tonnerre (m)	천둥	cheon-dung
gronder (tonnerre)	천둥이 치다	cheon-dung-i chi-da
le tonnerre gronde	천둥이 치다	cheon-dung-i chi-da
grêle (f)	싸락눈	ssa-rang-nun
il grêle	싸락눈이 내리다	ssa-rang-nun-i nae-ri-da
inonder (vt)	범람하다	beom-nam-ha-da
inondation (f)	홍수	hong-su
tremblement (m) de terre	지진	ji-jin
secousse (f)	진동	jin-dong
épicentre (m)	진앙	jin-ang
éruption (f)	폭발	pok-bal
lave (f)	용암	yong-am
tourbillon (m)	회오리바람	hoe-o-ri-ba-ram
tornade (f)	토네이도	to-ne-i-do
typhon (m)	태풍	tae-pung
ouragan (m)	허리케인	heo-ri-ke-in
tempête (f)	폭풍우	pok-pung-u
tsunami (m)	해일	hae-il
incendie (m)	불	bul
catastrophe (f)	재해	jae-hae
météorite (m)	운석	un-seok
avalanche (f)	눈사태	nun-sa-tae
éboulement (m)	눈사태	nun-sa-tae
blizzard (m)	눈보라	nun-bo-ra
tempête (f) de neige	눈보라	nun-bo-ra

LA FAUNE

T&P Books Publishing

87. Les mammifères. Les prédateurs

prédateur (m)	육식 동물	yuk-sik dong-mul
tigre (m)	호랑이	ho-rang-i
lion (m)	사자	sa-ja
loup (m)	이리	i-ri
renard (m)	여우	yeo-u
jaguar (m)	재규어	jae-gyu-eo
léopard (m)	표범	pyo-beom
guépard (m)	치타	chi-ta
puma (m)	퓨마	pyu-ma
léopard (m) de neiges	눈표범	nun-pyo-beom
lynx (m)	스라소니	seu-ra-so-ni
coyote (m)	코요테	ko-yo-te
chacal (m)	재칼	jae-kal
hyène (f)	하이에나	ha-i-e-na

88. Les animaux sauvages

animal (m)	동물	dong-mul
bête (f)	짐승	jim-seung
écureuil (m)	다람쥐	da-ram-jwi
hérisson (m)	고슴도치	go-seum-do-chi
lièvre (m)	토끼	to-kki
lapin (m)	굴토끼	gul-to-kki
blaireau (m)	오소리	o-so-ri
raton (m)	너구리	neo-gu-ri
hamster (m)	햄스터	haem-seu-teo
marmotte (f)	마멋	ma-meot
taupe (f)	두더지	du-deo-ji
souris (f)	생쥐	saeng-jwi
rat (m)	시궁쥐	si-gung-jwi
chauve-souris (f)	박쥐	bak-jwi
hermine (f)	북방족제비	buk-bang-jok-je-bi
zibeline (f)	검은담비	geo-meun-dam-bi
martre (f)	담비	dam-bi
vison (m)	밍크	ming-keu

castor (m)	비버	bi-beo
loutre (f)	수달	su-dal
cheval (m)	말	mal
élan (m)	엘크, 무스	el-keu, mu-seu
cerf (m)	사슴	sa-seum
chameau (m)	낙타	nak-ta
bison (m)	미국들소	mi-guk-deul-so
aurochs (m)	유럽들소	yu-reop-deul-so
buffle (m)	물소	mul-so
zèbre (m)	얼룩말	eol-lung-mal
antilope (f)	영양	yeong-yang
chevreuil (m)	노루	no-ru
biche (f)	다마사슴	da-ma-sa-seum
chamois (m)	샤모아	sya-mo-a
sanglier (m)	멧돼지	met-dwae-ji
baleine (f)	고래	go-rae
phoque (m)	바다표범	ba-da-pyo-beom
morse (m)	바다코끼리	ba-da-ko-kki-ri
ours (m) de mer	물개	mul-gae
dauphin (m)	돌고래	dol-go-rae
ours (m)	곰	gom
ours (m) blanc	북극곰	buk-geuk-gom
panda (m)	판다	pan-da
singe (m)	원숭이	won-sung-i
chimpanzé (m)	침팬지	chim-paen-ji
orang-outang (m)	오랑우탄	o-rang-u-tan
gorille (m)	고릴라	go-ril-la
macaque (m)	마카크	ma-ka-keu
gibbon (m)	긴팔원숭이	gin-pa-rwon-sung-i
éléphant (m)	코끼리	ko-kki-ri
rhinocéros (m)	코뿔소	ko-ppul-so
girafe (f)	기린	gi-rin
hippopotame (m)	하마	ha-ma
kangourou (m)	캥거루	kaeng-geo-ru
koala (m)	코알라	ko-al-la
mangouste (f)	몽구스	mong-gu-seu
chinchilla (m)	친칠라	chin-chil-la
mouffette (f)	스컹크	seu-keong-keu
porc-épic (m)	호저	ho-jeo

89. Les animaux domestiques

chat (m) (femelle)	고양이	go-yang-i
chat (m) (mâle)	수고양이	su-go-yang-i
cheval (m)	말	mal
étalon (m)	수말, 종마	su-mal, jong-ma
jument (f)	암말	am-mal
vache (f)	암소	am-so
taureau (m)	황소	hwang-so
bœuf (m)	수소	su-so
brebis (f)	양, 암양	yang, a-myang
mouton (m)	수양	su-yang
chèvre (f)	염소	yeom-so
bouc (m)	숫염소	sun-nyeom-so
âne (m)	당나귀	dang-na-gwi
mulet (m)	노새	no-sae
cochon (m)	돼지	dwae-ji
pourceau (m)	돼지 새끼	dwae-ji sae-kki
lapin (m)	집토끼	jip-to-kki
poule (f)	암탉	am-tak
coq (m)	수탉	su-tak
canard (m)	집오리	ji-bo-ri
canard (m) mâle	수오리	su-o-ri
oie (f)	집거위	jip-geo-wi
dindon (m)	수칠면조	su-chil-myeon-jo
dinde (f)	칠면조	chil-myeon-jo
animaux (m pl) domestiques	가축	ga-chuk
apprivoisé (adj)	길들여진	gil-deu-ryeo-jin
apprivoiser (vt)	길들이다	gil-deu-ri-da
élever (vt)	사육하다, 기르다	sa-yuk-a-da, gi-reu-da
ferme (f)	농장	nong-jang
volaille (f)	가금	ga-geum
bétail (m)	가축	ga-chuk
troupeau (m)	떼	tte
écurie (f)	마구간	ma-gu-gan
porcherie (f)	돼지 우리	dwae-ji u-ri
vacherie (f)	외양간	oe-yang-gan
cabane (f) à lapins	토끼장	to-kki-jang
poulailler (m)	닭장	dak-jang

90. Les oiseaux

oiseau (m)	새	sae
pigeon (m)	비둘기	bi-dul-gi
moineau (m)	참새	cham-sae
mésange (f)	박새	bak-sae
pie (f)	까치	kka-chi
corbeau (m)	갈가마귀	gal-ga-ma-gwi
corneille (f)	까마귀	kka-ma-gwi
choucas (m)	갈가마귀	gal-ga-ma-gwi
freux (m)	떼까마귀	ttae-kka-ma-gwi
canard (m)	오리	o-ri
oie (f)	거위	geo-wi
faisan (m)	꿩	kkwong
aigle (m)	독수리	dok-su-ri
épervier (m)	매	mae
faucon (m)	매	mae
vautour (m)	독수리, 콘도르	dok-su-ri, kon-do-reu
condor (m)	콘도르	kon-do-reu
cygne (m)	백조	baek-jo
grue (f)	두루미	du-ru-mi
cigogne (f)	황새	hwang-sae
perroquet (m)	앵무새	aeng-mu-sae
colibri (m)	벌새	beol-sae
paon (m)	공작	gong-jak
autruche (f)	타조	ta-jo
héron (m)	왜가리	wae-ga-ri
flamant (m)	플라밍고	peul-la-ming-go
pélican (m)	펠리컨	pel-li-keon
rossignol (m)	나이팅게일	na-i-ting-ge-il
hirondelle (f)	제비	je-bi
merle (m)	지빠귀	ji-ppa-gwi
grive (f)	노래지빠귀	no-rae-ji-ppa-gwi
merle (m) noir	대륙검은지빠귀	dae-ryuk-geo-meun-ji-ppa-gwi
martinet (m)	칼새	kal-sae
alouette (f) des champs	종다리	jong-da-ri
caille (f)	메추라기	me-chu-ra-gi
pivert (m)	딱따구리	ttak-tta-gu-ri
coucou (m)	뻐꾸기	ppeo-kku-gi
chouette (f)	올빼미	ol-ppae-mi

hibou (m)	수리부엉이	su-ri-bu-eong-i
tétras (m)	큰뇌조	keun-noe-jo
tétras-lyre (m)	멧닭	met-dak
perdrix (f)	자고	ja-go
étourneau (m)	찌르레기	jji-reu-re-gi
canari (m)	카나리아	ka-na-ri-a
pinson (m)	되새	doe-sae
bouvreuil (m)	피리새	pi-ri-sae
mouette (f)	갈매기	gal-mae-gi
albatros (m)	신천옹	sin-cheon-ong
pingouin (m)	펭귄	peng-gwin

91. Les poissons. Les animaux marins

brème (f)	도미류	do-mi-ryu
carpe (f)	잉어	ing-eo
perche (f)	농어의 일종	nong-eo-ui il-jong
silure (m)	메기	me-gi
brochet (m)	북부민물꼬치고기	buk-bu-min-mul-kko-chi-go-gi
saumon (m)	연어	yeon-eo
esturgeon (m)	철갑상어	cheol-gap-sang-eo
hareng (m)	청어	cheong-eo
saumon (m) atlantique	대서양 연어	dae-seo-yang yeon-eo
maquereau (m)	고등어	go-deung-eo
flet (m)	넙치	neop-chi
morue (f)	대구	dae-gu
thon (m)	참치	cham-chi
truite (f)	송어	song-eo
anguille (f)	뱀장어	baem-jang-eo
torpille (f)	시끈가오리	si-kkeun-ga-o-ri
murène (f)	곰치	gom-chi
piranha (m)	피라니아	pi-ra-ni-a
requin (m)	상어	sang-eo
dauphin (m)	돌고래	dol-go-rae
baleine (f)	고래	go-rae
crabe (m)	게	ge
méduse (f)	해파리	hae-pa-ri
pieuvre (f), poulpe (m)	낙지	nak-ji
étoile (f) de mer	불가사리	bul-ga-sa-ri
oursin (m)	성게	seong-ge

hippocampe (m)	해마	hae-ma
huître (f)	굴	gul
crevette (f)	새우	sae-u
homard (m)	바닷가재	ba-dat-ga-jae
langoustine (f)	대하	dae-ha

92. Les amphibiens. Les reptiles

serpent (m)	뱀	baem
venimeux (adj)	독이 있는	do-gi in-neun
vipère (f)	살무사	sal-mu-sa
cobra (m)	코브라	ko-beu-ra
python (m)	비단뱀	bi-dan-baem
boa (m)	보아	bo-a
couleuvre (f)	풀뱀	pul-baem
serpent (m) à sonnettes	방울뱀	bang-ul-baem
anaconda (m)	아나콘다	a-na-kon-da
lézard (m)	도마뱀	do-ma-baem
iguane (m)	이구아나	i-gu-a-na
salamandre (f)	도롱뇽	do-rong-nyong
caméléon (m)	카멜레온	ka-mel-le-on
scorpion (m)	전갈	jeon-gal
tortue (f)	거북	geo-buk
grenouille (f)	개구리	gae-gu-ri
crapaud (m)	두꺼비	du-kkeo-bi
crocodile (m)	악어	a-geo

93. Les insectes

insecte (m)	곤충	gon-chung
papillon (m)	나비	na-bi
fourmi (f)	개미	gae-mi
mouche (f)	파리	pa-ri
moustique (m)	모기	mo-gi
scarabée (m)	딱정벌레	ttak-jeong-beol-le
guêpe (f)	말벌	mal-beol
abeille (f)	꿀벌	kkul-beol
bourdon (m)	호박벌	ho-bak-beol
œstre (m)	쇠파리	soe-pa-ri
araignée (f)	거미	geo-mi
toile (f) d'araignée	거미줄	geo-mi-jul
libellule (f)	잠자리	jam-ja-ri

sauterelle (f)	메뚜기	me-ttu-gi
papillon (m)	나방	na-bang
cafard (m)	바퀴벌레	ba-kwi-beol-le
tique (f)	진드기	jin-deu-gi
puce (f)	벼룩	byeo-ruk
moucheron (m)	깔따구	kkal-tta-gu
criquet (m)	메뚜기	me-ttu-gi
escargot (m)	달팽이	dal-paeng-i
grillon (m)	귀뚜라미	gwi-ttu-ra-mi
luciole (f)	개똥벌레	gae-ttong-beol-le
coccinelle (f)	무당벌레	mu-dang-beol-le
hanneton (m)	왕풍뎅이	wang-pung-deng-i
sangsue (f)	거머리	geo-meo-ri
chenille (f)	애벌레	ae-beol-le
ver (m)	지렁이	ji-reong-i
larve (f)	애벌레	ae-beol-le

LA FLORE

T&P Books Publishing

arbre (m)	나무	na-mu
à feuilles caduques	낙엽수의	na-gyeop-su-ui
conifère (adj)	침엽수의	chi-myeop-su-ui
à feuilles persistantes	상록의	sang-no-gui
pommier (m)	사과나무	sa-gwa-na-mu
poirier (m)	배나무	bae-na-mu
merisier (m), cerisier (m)	벚나무	beon-na-mu
prunier (m)	자두나무	ja-du-na-mu
bouleau (m)	자작나무	ja-jang-na-mu
chêne (m)	오크	o-keu
tilleul (m)	보리수	bo-ri-su
tremble (m)	사시나무	sa-si-na-mu
érable (m)	단풍나무	dan-pung-na-mu
épicéa (m)	가문비나무	ga-mun-bi-na-mu
pin (m)	소나무	so-na-mu
mélèze (m)	낙엽송	na-gyeop-song
sapin (m)	전나무	jeon-na-mu
cèdre (m)	시다	si-da
peuplier (m)	포플러	po-peul-leo
sorbier (m)	마가목	ma-ga-mok
saule (m)	버드나무	beo-deu-na-mu
aune (m)	오리나무	o-ri-na-mu
hêtre (m)	너도밤나무	neo-do-bam-na-mu
orme (m)	느릅나무	neu-reum-na-mu
frêne (m)	물푸레나무	mul-pu-re-na-mu
marronnier (m)	밤나무	bam-na-mu
magnolia (m)	목련	mong-nyeon
palmier (m)	야자나무	ya-ja-na-mu
cyprès (m)	사이프러스	sa-i-peu-reo-seu
palétuvier (m)	맹그로브	maeng-geu-ro-beu
baobab (m)	바오밥나무	ba-o-bam-na-mu
eucalyptus (m)	유칼립투스	yu-kal-lip-tu-seu
séquoia (m)	세쿼이아	se-kwo-i-a

95. Les arbustes

buisson (m)	덤불	deom-bul
arbrisseau (m)	관목	gwan-mok
vigne (f)	포도 덩굴	po-do deong-gul
vigne (f) (vignoble)	포도밭	po-do-bat
framboise (f)	라즈베리	ra-jeu-be-ri
groseille (f) rouge	레드커런트 나무	re-deu-keo-reon-teu na-mu
groseille (f) verte	구스베리 나무	gu-seu-be-ri na-mu
acacia (m)	아카시아	a-ka-si-a
berbéris (m)	매자나무	mae-ja-na-mu
jasmin (m)	재스민	jae-seu-min
genévrier (m)	두송	du-song
rosier (m)	장미 덤불	jang-mi deom-bul
églantier (m)	찔레나무	jjil-le-na-mu

96. Les fruits. Les baies

pomme (f)	사과	sa-gwa
poire (f)	배	bae
prune (f)	자두	ja-du
fraise (f)	딸기	ttal-gi
cerise (f)	신양	si-nyang
merise (f)	양벚나무	yang-beon-na-mu
raisin (m)	포도	po-do
framboise (f)	라즈베리	ra-jeu-be-ri
cassis (m)	블랙커렌트	beul-laek-keo-ren-teu
groseille (f) rouge	레드커렌트	re-deu-keo-ren-teu
groseille (f) verte	구스베리	gu-seu-be-ri
canneberge (f)	크랜베리	keu-raen-be-ri
orange (f)	오렌지	o-ren-ji
mandarine (f)	귤	gyul
ananas (m)	파인애플	pa-in-ae-peul
banane (f)	바나나	ba-na-na
datte (f)	대추야자	dae-chu-ya-ja
citron (m)	레몬	re-mon
abricot (m)	살구	sal-gu
pêche (f)	복숭아	bok-sung-a
kiwi (m)	키위	ki-wi
pamplemousse (m)	자몽	ja-mong

baie (f)	장과	jang-gwa
baies (f pl)	장과류	jang-gwa-ryu
airelle (f) rouge	월귤나무	wol-gyul-la-mu
fraise (f) des bois	야생딸기	ya-saeng-ttal-gi
myrtille (f)	빌베리	bil-be-ri

97. Les fleurs. Les plantes

fleur (f)	꽃	kkot
bouquet (m)	꽃다발	kkot-da-bal
rose (f)	장미	jang-mi
tulipe (f)	튤립	tyul-lip
oeillet (m)	카네이션	ka-ne-i-syeon
glaïeul (m)	글라디올러스	geul-la-di-ol-leo-seu
bleuet (m)	수레국화	su-re-guk-wa
campanule (f)	실잔대	sil-jan-dae
dent-de-lion (f)	민들레	min-deul-le
marguerite (f)	캐모마일	kae-mo-ma-il
aloès (m)	알로에	al-lo-e
cactus (m)	선인장	seon-in-jang
ficus (m)	고무나무	go-mu-na-mu
lis (m)	백합	baek-ap
géranium (m)	제라늄	je-ra-nyum
jacinthe (f)	히아신스	hi-a-sin-seu
mimosa (m)	미모사	mi-mo-sa
jonquille (f)	수선화	su-seon-hwa
capucine (f)	한련	hal-lyeon
orchidée (f)	난초	nan-cho
pivoine (f)	모란	mo-ran
violette (f)	바이올렛	ba-i-ol-let
pensée (f)	팬지	paen-ji
myosotis (m)	물망초	mul-mang-cho
pâquerette (f)	데이지	de-i-ji
coquelicot (m)	양귀비	yang-gwi-bi
chanvre (m)	삼	sam
menthe (f)	박하	bak-a
muguet (m)	은방울꽃	eun-bang-ul-kkot
perce-neige (f)	스노드롭	seu-no-deu-rop
ortie (f)	쐐기풀	sswae-gi-pul
oseille (f)	수영	su-yeong

nénuphar (m)	수련	su-ryeon
fougère (f)	고사리	go-sa-ri
lichen (m)	이끼	i-kki
serre (f) tropicale	온실	on-sil
gazon (m)	잔디	jan-di
parterre (m) de fleurs	꽃밭	kkot-bat
plante (f)	식물	sing-mul
herbe (f)	풀	pul
brin (m) d'herbe	풀잎	pu-rip
feuille (f)	잎	ip
pétale (m)	꽃잎	kko-chip
tige (f)	줄기	jul-gi
tubercule (m)	구근	gu-geun
pousse (f)	새싹	sae-ssak
épine (f)	가시	ga-si
fleurir (vi)	피우다	pi-u-da
se faner (vp)	시들다	si-deul-da
odeur (f)	향기	hyang-gi
couper (vt)	자르다	ja-reu-da
cueillir (fleurs)	따다	tta-da

98. Les céréales

grains (m pl)	곡물	gong-mul
céréales (f pl) (plantes)	곡류	gong-nyu
épi (m)	이삭	i-sak
blé (m)	밀	mil
seigle (m)	호밀	ho-mil
avoine (f)	귀리	gwi-ri
millet (m)	수수, 기장	su-su, gi-jang
orge (f)	보리	bo-ri
maïs (m)	옥수수	ok-su-su
riz (m)	쌀	ssal
sarrasin (m)	메밀	me-mil
pois (m)	완두	wan-du
haricot (m)	강낭콩	gang-nang-kong
soja (m)	콩	kong
lentille (f)	렌즈콩	ren-jeu-kong
fèves (f pl)	콩	kong

T&P BOOKS

LES PAYS DU MONDE

T&P Books Publishing

Afghanistan (m)	아프가니스탄	a-peu-ga-ni-seu-tan
Albanie (f)	알바니아	al-ba-ni-a
Allemagne (f)	독일	do-gil
Angleterre (f)	잉글랜드	ing-geul-laen-deu
Arabie (f) Saoudite	사우디아라비아	sa-u-di-a-ra-bi-a
Argentine (f)	아르헨티나	a-reu-hen-ti-na
Arménie (f)	아르메니아	a-reu-me-ni-a
Australie (f)	호주	ho-ju
Autriche (f)	오스트리아	o-seu-teu-ri-a
Azerbaïdjan (m)	아제르바이잔	a-je-reu-ba-i-jan
Bahamas (f pl)	바하마	ba-ha-ma
Bangladesh (m)	방글라데시	bang-geul-la-de-si
Belgique (f)	벨기에	bel-gi-e
Biélorussie (f)	벨로루시	bel-lo-ru-si
Bolivie (f)	볼리비아	bol-li-bi-a
Bosnie (f)	보스니아 헤르체코비나	bo-seu-ni-a he-reu-che-ko-bi-na
Brésil (m)	브라질	beu-ra-jil
Bulgarie (f)	불가리아	bul-ga-ri-a
Cambodge (m)	캄보디아	kam-bo-di-a
Canada (m)	캐나다	kae-na-da
Chili (m)	칠레	chil-le
Chine (f)	중국	jung-guk
Chypre (m)	키프로스	ki-peu-ro-seu
Colombie (f)	콜롬비아	kol-lom-bi-a
Corée (f) du Nord	북한	buk-an
Corée (f) du Sud	한국	han-guk
Croatie (f)	크로아티아	keu-ro-a-ti-a
Cuba (f)	쿠바	ku-ba
Danemark (m)	덴마크	den-ma-keu
Écosse (f)	스코틀랜드	seu-ko-teul-laen-deu
Égypte (f)	이집트	i-jip-teu
Équateur (m)	에콰도르	e-kwa-do-reu
Espagne (f)	스페인	seu-pe-in
Estonie (f)	에스토니아	e-seu-to-ni-a
Les États Unis	미국	mi-guk
Fédération (f) des Émirats Arabes Unis	아랍에미리트	a-ra-be-mi-ri-teu
Finlande (f)	핀란드	pil-lan-deu
France (f)	프랑스	peu-rang-seu

Géorgie (f)	그루지야	geu-ru-ji-ya
Ghana (m)	가나	ga-na
Grande-Bretagne (f)	영국	yeong-guk
Grèce (f)	그리스	geu-ri-seu

100. Les pays du monde. Partie 2

Haïti (m)	아이티	a-i-ti
Hongrie (f)	헝가리	heong-ga-ri
Inde (f)	인도	in-do
Indonésie (f)	인도네시아	in-do-ne-si-a
Iran (m)	이란	i-ran
Iraq (m)	이라크	i-ra-keu
Irlande (f)	아일랜드	a-il-laen-deu
Islande (f)	아이슬란드	a-i-seul-lan-deu
Israël (m)	이스라엘	i-seu-ra-el
Italie (f)	이탈리아	i-tal-li-a
Jamaïque (f)	자메이카	ja-me-i-ka
Japon (m)	일본	il-bon
Jordanie (f)	요르단	yo-reu-dan
Kazakhstan (m)	카자흐스탄	ka-ja-heu-seu-tan
Kenya (m)	케냐	ke-nya
Kirghizistan (m)	키르기스스탄	ki-reu-gi-seu-seu-tan
Koweït (m)	쿠웨이트	ku-we-i-teu
Laos (m)	라오스	ra-o-seu
Lettonie (f)	라트비아	ra-teu-bi-a
Liban (m)	레바논	re-ba-non
Libye (f)	리비아	ri-bi-a
Liechtenstein (m)	리히텐슈타인	ri-hi-ten-syu-ta-in
Lituanie (f)	리투아니아	ri-tu-a-ni-a
Luxembourg (m)	룩셈부르크	ruk-sem-bu-reu-keu
Macédoine (f)	마케도니아	ma-ke-do-ni-a
Madagascar (f)	마다가스카르	ma-da-ga-seu-ka-reu
Malaisie (f)	말레이시아	mal-le-i-si-a
Malte (f)	몰타	mol-ta
Maroc (m)	모로코	mo-ro-ko
Mexique (m)	멕시코	mek-si-ko
Moldavie (f)	몰도바	mol-do-ba
Monaco (m)	모나코	mo-na-ko
Mongolie (f)	몽골	mong-gol
Monténégro (m)	몬테네그로	mon-te-ne-geu-ro
Myanmar (m)	미얀마	mi-yan-ma
Namibie (f)	나미비아	na-mi-bi-a
Népal (m)	네팔	ne-pal
Norvège (f)	노르웨이	no-reu-we-i

| Nouvelle Zélande (f) | 뉴질랜드 | nyu-jil-laen-deu |
| Ouzbékistan (m) | 우즈베키스탄 | u-jeu-be-ki-seu-tan |

101. Les pays du monde. Partie 3

Pakistan (m)	파키스탄	pa-ki-seu-tan
Palestine (f)	팔레스타인	pal-le-seu-ta-in
Panamá (m)	파나마	pa-na-ma
Paraguay (m)	파라과이	pa-ra-gwa-i
Pays-Bas (m)	네덜란드	ne-deol-lan-deu

Pérou (m)	페루	pe-ru
Pologne (f)	폴란드	pol-lan-deu
Polynésie (f) Française	폴리네시아	pol-li-ne-si-a
Portugal (m)	포르투갈	po-reu-tu-gal

République (f) Dominicaine	도미니카 공화국	do-mi-ni-ka gong-hwa-guk
République (f) Sud-africaine	남아프리카 공화국	nam-a-peu-ri-ka gong-hwa-guk
République (f) Tchèque	체코	che-ko
Roumanie (f)	루마니아	ru-ma-ni-a
Russie (f)	러시아	reo-si-a

Sénégal (m)	세네갈	se-ne-gal
Serbie (f)	세르비아	se-reu-bi-a
Slovaquie (f)	슬로바키아	seul-lo-ba-ki-a
Slovénie (f)	슬로베니아	seul-lo-be-ni-a
Suède (f)	스웨덴	seu-we-den
Suisse (f)	스위스	seu-wi-seu
Surinam (m)	수리남	su-ri-nam
Syrie (f)	시리아	si-ri-a

Tadjikistan (m)	타지키스탄	ta-ji-ki-seu-tan
Taïwan (m)	대만	dae-man
Tanzanie (f)	탄자니아	tan-ja-ni-a
Tasmanie (f)	태즈메이니아	tae-jeu-me-i-ni-a
Thaïlande (f)	태국	tae-guk
Tunisie (f)	튀니지	twi-ni-ji
Turkménistan (m)	투르크메니스탄	tu-reu-keu-me-ni-seu-tan
Turquie (f)	터키	teo-ki

Ukraine (f)	우크라이나	u-keu-ra-i-na
Uruguay (m)	우루과이	u-ru-gwa-i
Vatican (m)	바티칸	ba-ti-kan
Venezuela (f)	베네수엘라	be-ne-su-el-la
Vietnam (m)	베트남	be-teu-nam
Zanzibar (m)	잔지바르	jan-ji-ba-reu

GLOSSAIRE
GASTRONOMIQUE

Cette section contient
beaucoup de mots associés
à la nourriture. Ce dictionnaire
vous facilitera la tâche
de comprendre le menu
et de commander le bon plat
au restaurant

T&P Books Publishing

Français-Coréen glossaire gastronomique

épi (m)	이삭	i-sak
épice (f)	향료	hyang-nyo
épinard (m)	시금치	si-geum-chi
œuf (m)	계란	gye-ran
abricot (m)	살구	sal-gu
addition (f)	계산서	gye-san-seo
ail (m)	마늘	ma-neul
airelle (f) rouge	월귤나무	wol-gyul-la-mu
amande (f)	아몬드	a-mon-deu
amanite (f) tue-mouches	광대버섯	gwang-dae-beo-seot
amer (adj)	쓴	sseun
ananas (m)	파인애플	pa-in-ae-peul
anguille (f)	뱀장어	baem-jang-eo
anis (m)	아니스	a-ni-seu
apéritif (m)	아페리티프	a-pe-ri-ti-peu
appétit (m)	식욕	si-gyok
arrière-goût (m)	뒷 맛	dwit mat
artichaut (m)	아티초크	a-ti-cho-keu
asperge (f)	아스파라거스	a-seu-pa-ra-geo-seu
assiette (f)	접시	jeop-si
aubergine (f)	가지	ga-ji
avec de la glace	얼음을 넣은	eo-reu-meul leo-eun
avocat (m)	아보카도	a-bo-ka-do
avoine (f)	귀리	gwi-ri
bacon (m)	베이컨	be-i-keon
baie (f)	장과	jang-gwa
baies (f pl)	장과류	jang-gwa-ryu
banane (f)	바나나	ba-na-na
bar (m)	바	ba
barman (m)	바텐더	ba-ten-deo
basilic (m)	바질	ba-jil
betterave (f)	비트	bi-teu
beurre (m)	버터	beo-teo
bière (f)	맥주	maek-ju
bière (f) blonde	라거	ra-geo
bière (f) brune	흑맥주	heung-maek-ju
biscuit (m)	쿠키	ku-ki
blé (m)	밀	mil
blanc (m) d'œuf	흰자	huin-ja
boisson (f) non alcoolisée	청량음료	cheong-nyang-eum-nyo
boissons (f pl) alcoolisées	술	sul
bolet (m) bai	거친껄껄이그물버섯	geo-chin-kkeol-kkeo-ri-geu-mul-beo-seot

bolet (m) orangé	등색껄껄이그물버섯	deung-saek-kkeol-kkeo-ri-geu-mul-beo-seot
bon (adj)	맛있는	man-nin-neun
Bon appétit!	맛있게 드십시오!	man-nit-ge deu-sip-si-o!
bonbon (m)	사탕	sa-tang
bouillie (f)	죽	juk
bouillon (m)	육수	yuk-su
brème (f)	도미류	do-mi-ryu
brochet (m)	강꼬치고기	gang-kko-chi-go-gi
brocoli (m)	브로콜리	beu-ro-kol-li
céleri (m)	셀러리	sel-leo-ri
céréales (f pl)	곡류	gong-nyu
cacahuète (f)	땅콩	ttang-kong
café (m)	커피	keo-pi
café (m) au lait	밀크 커피	mil-keu keo-pi
café (m) noir	블랙 커피	beul-laek keo-pi
café (m) soluble	인스턴트 커피	in-seu-teon-teu keo-pi
calamar (m)	오징어	o-jing-eo
calorie (f)	칼로리	kal-lo-ri
canard (m)	오리고기	o-ri-go-gi
canneberge (f)	크랜베리	keu-raen-be-ri
cannelle (f)	계피	gye-pi
cappuccino (m)	카푸치노	ka-pu-chi-no
carotte (f)	당근	dang-geun
carpe (f)	잉어	ing-eo
carte (f)	메뉴판	me-nyu-pan
carte (f) des vins	와인 메뉴	wa-in me-nyu
cassis (m)	블랙커런트	beul-laek-keo-ren-teu
caviar (m)	캐비어	kae-bi-eo
cerise (f)	신양	si-nyang
champagne (m)	샴페인	syam-pe-in
champignon (m)	버섯	beo-seot
champignon (m) comestible	식용 버섯	si-gyong beo-seot
champignon (m) vénéneux	독버섯	dok-beo-seot
chaud (adj)	뜨거운	tteu-geo-un
chocolat (m)	초콜릿	cho-kol-lit
chou (m)	양배추	yang-bae-chu
chou (m) de Bruxelles	방울다다기 양배추	bang-ul-da-da-gi yang-bae-chu
chou-fleur (m)	컬리플라워	keol-li-peul-la-wo
citron (m)	레몬	re-mon
clou (m) de girofle	정향	jeong-hyang
cocktail (m)	칵테일	kak-te-il
cocktail (m) au lait	밀크 셰이크	mil-keu sye-i-keu
cognac (m)	코냑	ko-nyak
concombre (m)	오이	o-i
condiment (m)	양념	yang-nyeom
confiserie (f)	과자류	gwa-ja-ryu
confiture (f)	잼	jaem
confiture (f)	잼	jaem

congelé (adj)	얼린	eol-lin
conserves (f pl)	통조림	tong-jo-rim
coriandre (m)	고수	go-su
courgette (f)	애호박	ae-ho-bak
couteau (m)	나이프	na-i-peu
crème (f)	크림	keu-rim
crème (f) aigre	사워크림	sa-wo-keu-rim
crème (f) au beurre	버터크림	beo-teo-keu-rim
crabe (m)	게	ge
crevette (f)	새우	sae-u
cuillère (f)	숟가락	sut-ga-rak
cuillère (f) à soupe	숟가락	sut-ga-rak
cuisine (f)	요리	yo-ri
cuisse (f)	개먼	gae-meon
cuit à l'eau (adj)	삶은	sal-meun
cumin (m)	캐러웨이	kae-reo-we-i
cure-dent (m)	이쑤시개	i-ssu-si-gae
déjeuner (m)	점심식사	jeom-sim-sik-sa
dîner (m)	저녁식사	jeo-nyeok-sik-sa
datte (f)	대추야자	dae-chu-ya-ja
dessert (m)	디저트	di-jeo-teu
dinde (f)	칠면조고기	chil-myeon-jo-go-gi
du bœuf	소고기	so-go-gi
du mouton	양고기	yang-go-gi
du porc	돼지고기	dwae-ji-go-gi
du veau	송아지 고기	song-a-ji go-gi
eau (f)	물	mul
eau (f) minérale	미네랄 워터	mi-ne-ral rwo-teo
eau (f) potable	음료수	eum-nyo-su
en chocolat (adj)	초콜릿의	cho-kol-lis-ui
esturgeon (m)	철갑상어	cheol-gap-sang-eo
fèves (f pl)	콩	kong
farce (f)	다진 고기	da-jin go-gi
farine (f)	밀가루	mil-ga-ru
fenouil (m)	딜	dil
feuille (f) de laurier	월계수잎	wol-gye-su-ip
figue (f)	무화과	mu-hwa-gwa
flétan (m)	넙치	neop-chi
flet (m)	넙치	neop-chi
foie (m)	간	gan
fourchette (f)	포크	po-keu
fraise (f)	딸기	ttal-gi
fraise (f) des bois	야생딸기	ya-saeng-ttal-gi
framboise (f)	라즈베리	ra-jeu-be-ri
frit (adj)	튀긴	twi-gin
froid (adj)	차가운	cha-ga-un
fromage (m)	치즈	chi-jeu
fruit (m)	과일	gwa-il
fruits (m pl) de mer	해물	hae-mul
fumé (adj)	훈제된	hun-je-doen
gâteau (m)	케이크	ke-i-keu
gâteau (m)	파이	pa-i

garniture (f)	속	sok
garniture (f)	사이드 메뉴	sa-i-deu me-nyu
gaufre (f)	와플	wa-peul
gazeuse (adj)	탄산의	tan-sa-nui
gibier (m)	사냥감	sa-nyang-gam
gin (m)	진	jin
gingembre (m)	생강	saeng-gang
girolle (f)	살구버섯	sal-gu-beo-seot
glace (f)	얼음	eo-reum
glace (f)	아이스크림	a-i-seu-keu-rim
glucides (m pl)	탄수화물	tan-su-hwa-mul
goût (m)	맛	mat
gomme (f) à mâcher	껌	kkeom
grains (m pl)	곡물	gong-mul
grenade (f)	석류	seong-nyu
groseille (f) rouge	레드커렌트	re-deu-keo-ren-teu
groseille (f) verte	구스베리	gu-seu-be-ri
gruau (m)	곡물	gong-mul
hamburger (m)	햄버거	haem-beo-geo
hareng (m)	청어	cheong-eo
haricot (m)	강낭콩	gang-nang-kong
hors-d'œuvre (m)	애피타이저	ae-pi-ta-i-jeo
huître (f)	굴	gul
huile (f) d'olive	올리브유	ol-li-beu-yu
huile (f) de tournesol	해바라기유	hae-ba-ra-gi-yu
huile (f) végétale	식물유	sing-mu-ryu
jambon (m)	햄	haem
jaune (m) d'œuf	노른자	no-reun-ja
jus (m)	주스	ju-seu
jus (m) d'orange	오렌지 주스	o-ren-ji ju-seu
jus (m) de tomate	토마토 주스	to-ma-to ju-seu
jus (m) pressé	생과일주스	saeng-gwa-il-ju-seu
kiwi (m)	키위	ki-wi
légumes (m pl)	채소	chae-so
lait (m)	우유	u-yu
lait (m) condensé	연유	yeo-nyu
laitue (f), salade (f)	양상추	yang-sang-chu
langoustine (f)	대하	dae-ha
langue (f)	혀	hyeo
lapin (m)	토끼고기	to-kki-go-gi
lentille (f)	렌즈콩	ren-jeu-kong
les œufs	계란	gye-ran
les œufs brouillés	계란후라이	gye-ran-hu-ra-i
limonade (f)	레모네이드	re-mo-ne-i-deu
lipides (m pl)	지방	ji-bang
liqueur (f)	리큐르	ri-kyu-reu
mûre (f)	블랙베리	beul-laek-be-ri
maïs (m)	옥수수	ok-su-su
maïs (m)	옥수수	ok-su-su
mandarine (f)	귤	gyul
mangue (f)	망고	mang-go
maquereau (m)	고등어	go-deung-eo

margarine (f)	마가린	ma-ga-rin
mariné (adj)	초절인	cho-jeo-rin
marmelade (f)	마멀레이드	ma-meol-le-i-deu
melon (m)	멜론	mel-lon
merise (f)	양벚나무	yang-beon-na-mu
miel (m)	꿀	kkul
miette (f)	부스러기	bu-seu-reo-gi
millet (m)	수수, 기장	su-su, gi-jang
morceau (m)	조각	jo-gak
morille (f)	곰보버섯	gom-bo-beo-seot
morue (f)	대구	dae-gu
moutarde (f)	겨자	gyeo-ja
myrtille (f)	빌베리	bil-be-ri
navet (m)	순무	sun-mu
noisette (f)	개암	gae-am
noix (f)	호두	ho-du
noix (f) de coco	코코넛	ko-ko-neot
nouilles (f pl)	면	myeon
nourriture (f)	음식	eum-sik
oie (f)	거위고기	geo-wi-go-gi
oignon (m)	양파	yang-pa
olives (f pl)	올리브	ol-li-beu
omelette (f)	오믈렛	o-meul-let
orange (f)	오렌지	o-ren-ji
orge (f)	보리	bo-ri
oronge (f) verte	알광대버섯	al-gwang-dae-beo-seot
ouvre-boîte (m)	깡통 따개	kkang-tong tta-gae
ouvre-bouteille (m)	병따개	byeong-tta-gae
pâté (m)	파테	pa-te
pâtes (m pl)	파스타	pa-seu-ta
pétales (m pl) de maïs	콘플레이크	kon-peul-le-i-keu
pétillante (adj)	탄산이 든	tan-san-i deun
pêche (f)	복숭아	bok-sung-a
pain (m)	빵	ppang
pamplemousse (m)	자몽	ja-mong
papaye (f)	파파야	pa-pa-ya
paprika (m)	파프리카	pa-peu-ri-ka
pastèque (f)	수박	su-bak
peau (f)	껍질	kkeop-jil
perche (f)	농어의 일종	nong-eo-ui il-jong
persil (m)	파슬리	pa-seul-li
petit déjeuner (m)	아침식사	a-chim-sik-sa
petite cuillère (f)	티스푼	ti-seu-pun
pistaches (f pl)	피스타치오	pi-seu-ta-chi-o
pizza (f)	피자	pi-ja
plat (m)	요리, 코스	yo-ri, ko-seu
plate (adj)	탄산 없는	tan-san neom-neun
poire (f)	배	bae
pois (m)	완두	wan-du
poisson (m)	생선	saeng-seon
poivre (m) noir	후추	hu-chu
poivre (m) rouge	고춧가루	go-chut-ga-ru

poivron (m)	피망	pi-mang
pomme (f)	사과	sa-gwa
pomme (f) de terre	감자	gam-ja
portion (f)	분량	bul-lyang
potiron (m)	호박	ho-bak
poulet (m)	닭고기	dak-go-gi
pourboire (m)	팁	tip
protéines (f pl)	단백질	dan-baek-jil
prune (f)	자두	ja-du
purée (f)	으깬 감자	eu-kkaen gam-ja
régime (m)	다이어트	da-i-eo-teu
radis (m)	무	mu
rafraîchissement (m)	청량 음료	cheong-nyang eum-nyo
raifort (m)	고추냉이	go-chu-naeng-i
raisin (m)	포도	po-do
raisin (m) sec	건포도	geon-po-do
recette (f)	요리법	yo-ri-beop
requin (m)	상어	sang-eo
rhum (m)	럼	reom
riz (m)	쌀	ssal
russule (f)	무당버섯	mu-dang-beo-seot
sésame (m)	깨	kkae
safran (m)	사프란	sa-peu-ran
salé (adj)	짠	jjan
salade (f)	샐러드	sael-leo-deu
sandwich (m)	샌드위치	saen-deu-wi-chi
sans alcool	무알코올의	mu-al-ko-o-rui
sardine (f)	정어리	jeong-eo-ri
sarrasin (m)	메밀	me-mil
sauce (f)	소스	so-seu
sauce (f) mayonnaise	마요네즈	ma-yo-ne-jeu
saucisse (f)	비엔나 소시지	bi-en-na so-si-ji
saucisson (m)	소시지	so-si-ji
saumon (m)	연어	yeon-eo
saumon (m) atlantique	대서양 연어	dae-seo-yang yeon-eo
sec (adj)	말린	mal-lin
seigle (m)	호밀	ho-mil
sel (m)	소금	so-geum
serveur (m)	웨이터	we-i-teo
serveuse (f)	웨이트리스	we-i-teu-ri-seu
silure (m)	메기	me-gi
soja (m)	콩	kong
soucoupe (f)	받침 접시	bat-chim jeop-si
soupe (f)	수프	su-peu
spaghettis (m pl)	스파게티	seu-pa-ge-ti
steak (m)	비프스테이크	bi-peu-seu-te-i-keu
sucré (adj)	단	dan
sucre (m)	설탕	seol-tang
tarte (f)	케이크	ke-i-keu
tasse (f)	컵	keop
thé (m)	차	cha
thé (m) noir	홍차	hong-cha

thé (m) vert	녹차	nok-cha
thon (m)	참치	cham-chi
tire-bouchon (m)	코르크 마개 뽑이	ko-reu-keu ma-gae ppo-bi
tomate (f)	토마토	to-ma-to
tranche (f)	조각	jo-gak
truite (f)	송어	song-eo
végétarien (adj)	채식주의의	chae-sik-ju-ui-ui
végétarien (m)	채식주의자	chae-sik-ju-ui-ja
verdure (f)	녹황색 채소	nok-wang-saek chae-so
vermouth (m)	베르무트	be-reu-mu-teu
verre (m)	유리잔	yu-ri-jan
verre (m) à vin	와인글라스	wa-in-geul-la-seu
viande (f)	고기	go-gi
vin (m)	와인	wa-in
vin (m) blanc	백 포도주	baek po-do-ju
vin (m) rouge	레드 와인	re-deu wa-in
vinaigre (m)	식초	sik-cho
vitamine (f)	비타민	bi-ta-min
vodka (f)	보드카	bo-deu-ka
whisky (m)	위스키	wi-seu-ki
yogourt (m)	요구르트	yo-gu-reu-teu

Coréen-Français glossaire gastronomique

아보카도	a-bo-ka-do	avocat (m)
아침식사	a-chim-sik-sa	petit déjeuner (m)
아이스크림	a-i-seu-keu-rim	glace (f)
아몬드	a-mon-deu	amande (f)
아니스	a-ni-seu	anis (m)
아페리티프	a-pe-ri-ti-peu	apéritif (m)
아스파라거스	a-seu-pa-ra-geo-seu	asperge (f)
아티초크	a-ti-cho-keu	artichaut (m)
애호박	ae-ho-bak	courgette (f)
애피타이저	ae-pi-ta-i-jeo	hors-d'œuvre (m)
알꽝대버섯	al-gwang-dae-beo-seot	oronge (f) verte
바	ba	bar (m)
바질	ba-jil	basilic (m)
바나나	ba-na-na	banane (f)
바텐더	ba-ten-deo	barman (m)
배	bae	poire (f)
백 포도주	baek po-do-ju	vin (m) blanc
뱀장어	baem-jang-eo	anguille (f)
방울다다기 양배추	bang-ul-da-da-gi yang-bae-chu	chou (m) de Bruxelles
받침 접시	bat-chim jeop-si	soucoupe (f)
베이컨	be-i-keon	bacon (m)
베르무트	be-reu-mu-teu	vermouth (m)
버섯	beo-seot	champignon (m)
버터	beo-teo	beurre (m)
버터크림	beo-teo-keu-rim	crème (f) au beurre
브로콜리	beu-ro-kol-li	brocoli (m)
블랙 커피	beul-laek keo-pi	café (m) noir
블랙베리	beul-laek-be-ri	mûre (f)
블랙커렌트	beul-laek-keo-ren-teu	cassis (m)
비엔나 소시지	bi-en-na so-si-ji	saucisse (f)
비프스테이크	bi-peu-seu-te-i-keu	steak (m)
비타민	bi-ta-min	vitamine (f)
비트	bi-teu	betterave (f)
빌베리	bil-be-ri	myrtille (f)
보드카	bo-deu-ka	vodka (f)
보리	bo-ri	orge (f)
복숭아	bok-sung-a	pêche (f)
부스러기	bu-seu-reo-gi	miette (f)
분량	bul-lyang	portion (f)
병따개	byeong-tta-gae	ouvre-bouteille (m)
차	cha	thé (m)
차가운	cha-ga-un	froid (adj)
채식주의자	chae-sik-ju-ui-ja	végétarien (m)

채식주의의	chae-sik-ju-ui-ui	végétarien (adj)
채소	chae-so	légumes (m pl)
참치	cham-chi	thon (m)
철갑상어	cheol-gap-sang-eo	esturgeon (m)
청어	cheong-eo	hareng (m)
청량 음료	cheong-nyang eum-nyo	rafraîchissement (m)
청량음료	cheong-nyang-eum-nyo	boisson (f) non alcoolisée
치즈	chi-jeu	fromage (m)
칠면조고기	chil-myeon-jo-go-gi	dinde (f)
초절인	cho-jeo-rin	mariné (adj)
초콜릿의	cho-kol-lis-ui	en chocolat (adj)
초콜릿	cho-kol-lit	chocolat (m)
다이어트	da-i-eo-teu	régime (m)
다진 고기	da-jin go-gi	farce (f)
대추야자	dae-chu-ya-ja	datte (f)
대구	dae-gu	morue (f)
대하	dae-ha	langoustine (f)
대서양 연어	dae-seo-yang yeon-eo	saumon (m) atlantique
닭고기	dak-go-gi	poulet (m)
단	dan	sucré (adj)
단백질	dan-baek-jil	protéines (f pl)
당근	dang-geun	carotte (f)
등색껄껄이그물버섯	deung-saek-kkeol-kkeo-ri-geu-mul-beo-seot	bolet (m) orangé
디저트	di-jeo-teu	dessert (m)
딜	dil	fenouil (m)
도미류	do-mi-ryu	brème (f)
독버섯	dok-beo-seot	champignon (m) vénéneux
돼지고기	dwae-ji-go-gi	du porc
뒷 맛	dwit mat	arrière-goût (m)
얼음을 넣은	eo-reu-meul leo-eun	avec de la glace
얼음	eo-reum	glace (f)
얼린	eol-lin	congelé (adj)
으깬 감자	eu-kkaen gam-ja	purée (f)
음료수	eum-nyo-su	eau (f) potable
음식	eum-sik	nourriture (f)
가지	ga-ji	aubergine (f)
개암	gae-am	noisette (f)
개먼	gae-meon	cuisse (f)
감자	gam-ja	pomme (f) de terre
간	gan	foie (m)
강꼬치고기	gang-kko-chi-go-gi	brochet (m)
강낭콩	gang-nang-kong	haricot (m)
게	ge	crabe (m)
거친껄껄이그물버섯	geo-chin-kkeol-kkeo-ri-geu-mul-beo-seot	bolet (m) bai
거위고기	geo-wi-go-gi	oie (f)
건포도	geon-po-do	raisin (m) sec
고추냉이	go-chu-naeng-i	raifort (m)
고춧가루	go-chut-ga-ru	poivre (m) rouge

고등어	go-deung-eo	maquereau (m)
고기	go-gi	viande (f)
고수	go-su	coriandre (m)
곰보버섯	gom-bo-beo-seot	morille (f)
곡물	gong-mul	gruau (m)
곡물	gong-mul	grains (m pl)
곡류	gong-nyu	céréales (f pl)
구스베리	gu-seu-be-ri	groseille (f) verte
굴	gul	huître (f)
과일	gwa-il	fruit (m)
과자류	gwa-ja-ryu	confiserie (f)
광대버섯	gwang-dae-beo-seot	amanite (f) tue-mouches
귀리	gwi-ri	avoine (f)
계피	gye-pi	cannelle (f)
계란	gye-ran	œuf (m)
계란	gye-ran	les œufs
계란후라이	gye-ran-hu-ra-i	les œufs brouillés
계산서	gye-san-seo	addition (f)
겨자	gyeo-ja	moutarde (f)
귤	gyul	mandarine (f)
해바라기유	hae-ba-ra-gi-yu	huile (f) de tournesol
해물	hae-mul	fruits (m pl) de mer
햄	haem	jambon (m)
햄버거	haem-beo-geo	hamburger (m)
흑맥주	heung-maek-ju	bière (f) brune
호박	ho-bak	potiron (m)
호두	ho-du	noix (f)
호밀	ho-mil	seigle (m)
홍차	hong-cha	thé (m) noir
후추	hu-chu	poivre (m) noir
흰자	huin-ja	blanc (m) d'œuf
훈제된	hun-je-doen	fumé (adj)
향료	hyang-nyo	épice (f)
혀	hyeo	langue (f)
이삭	i-sak	épi (m)
이쑤시개	i-ssu-si-gae	cure-dent (m)
인스턴트 커피	in-seu-teon-teu keo-pi	café (m) soluble
잉어	ing-eo	carpe (f)
자두	ja-du	prune (f)
자몽	ja-mong	pamplemousse (m)
잼	jaem	confiture (f)
잼	jaem	confiture (f)
장과	jang-gwa	baie (f)
장과류	jang-gwa-ryu	baies (f pl)
저녁식사	jeo-nyeok-sik-sa	dîner (m)
점심식사	jeom-sim-sik-sa	déjeuner (m)
정어리	jeong-eo-ri	sardine (f)
정향	jeong-hyang	clou (m) de girofle
접시	jeop-si	assiette (f)
지방	ji-bang	lipides (m pl)
진	jin	gin (m)
짠	jjan	salé (adj)

조각	jo-gak	tranche (f)
조각	jo-gak	morceau (m)
주스	ju-seu	jus (m)
죽	juk	bouillie (f)
카푸치노	ka-pu-chi-no	cappuccino (m)
캐비어	kae-bi-eo	caviar (m)
캐러웨이	kae-reo-we-i	cumin (m)
칵테일	kak-te-il	cocktail (m)
칼로리	kal-lo-ri	calorie (f)
케이크	ke-i-keu	gâteau (m)
케이크	ke-i-keu	tarte (f)
커피	keo-pi	café (m)
컬리플라워	keol-li-peul-la-wo	chou-fleur (m)
컵	keop	tasse (f)
크랜베리	keu-raen-be-ri	canneberge (f)
크림	keu-rim	crème (f)
키위	ki-wi	kiwi (m)
깨	kkae	sésame (m)
깡통 따개	kkang-tong tta-gae	ouvre-boîte (m)
껌	kkeom	gomme (f) à mâcher
껍질	kkeop-jil	peau (f)
꿀	kkul	miel (m)
코코넛	ko-ko-neot	noix (f) de coco
코냑	ko-nyak	cognac (m)
코르크 마개 뽑이	ko-reu-keu ma-gae ppo-bi	tire-bouchon (m)
콘플레이크	kon-peul-le-i-keu	pétales (m pl) de maïs
콩	kong	fèves (f pl)
콩	kong	soja (m)
쿠키	ku-ki	biscuit (m)
마가린	ma-ga-rin	margarine (f)
마멀레이드	ma-meol-le-i-deu	marmelade (f)
마늘	ma-neul	ail (m)
마요네즈	ma-yo-ne-jeu	sauce (f) mayonnaise
맥주	maek-ju	bière (f)
말린	mal-lin	sec (adj)
맛있는	man-nin-neun	bon (adj)
맛있게 드십시오!	man-nit-ge deu-sip-si-o!	Bon appétit!
망고	mang-go	mangue (f)
맛	mat	goût (m)
메기	me-gi	silure (m)
메밀	me-mil	sarrasin (m)
메뉴판	me-nyu-pan	carte (f)
멜론	mel-lon	melon (m)
미네랄 워터	mi-ne-ral rwo-teo	eau (f) minérale
밀	mil	blé (m)
밀가루	mil-ga-ru	farine (f)
밀크 커피	mil-keu keo-pi	café (m) au lait
밀크 셰이크	mil-keu sye-i-keu	cocktail (m) au lait
무	mu	radis (m)
무알코올의	mu-al-ko-o-rui	sans alcool
무당버섯	mu-dang-beo-seot	russule (f)
무화과	mu-hwa-gwa	figue (f)

물	mul	eau (f)
면	myeon	nouilles (f pl)
나이프	na-i-peu	couteau (m)
넙치	neop-chi	flétan (m)
넙치	neop-chi	flet (m)
노른자	no-reun-ja	jaune (m) d'œuf
녹차	nok-cha	thé (m) vert
녹황색 채소	nok-wang-saek chae-so	verdure (f)
농어의 일종	nong-eo-ui il-jong	perche (f)
오이	o-i	concombre (m)
오징어	o-jing-eo	calamar (m)
오믈렛	o-meul-let	omelette (f)
오렌지	o-ren-ji	orange (f)
오렌지 주스	o-ren-ji ju-seu	jus (m) d'orange
오리고기	o-ri-go-gi	canard (m)
옥수수	ok-su-su	maïs (m)
옥수수	ok-su-su	maïs (m)
올리브	ol-li-beu	olives (f pl)
올리브유	ol-li-beu-yu	huile (f) d'olive
파이	pa-i	gâteau (m)
파인애플	pa-in-ae-peul	ananas (m)
파파야	pa-pa-ya	papaye (f)
파프리카	pa-peu-ri-ka	paprika (m)
파스타	pa-seu-ta	pâtes (m pl)
파슬리	pa-seul-li	persil (m)
파테	pa-te	pâté (m)
피자	pi-ja	pizza (f)
피망	pi-mang	poivron (m)
피스타치오	pi-seu-ta-chi-o	pistaches (f pl)
포도	po-do	raisin (m)
포크	po-keu	fourchette (f)
빵	ppang	pain (m)
라거	ra-geo	bière (f) blonde
라즈베리	ra-jeu-be-ri	framboise (f)
레드 와인	re-deu wa-in	vin (m) rouge
레드커런트	re-deu-keo-ren-teu	groseille (f) rouge
레모네이드	re-mo-ne-i-deu	limonade (f)
레몬	re-mon	citron (m)
렌즈콩	ren-jeu-kong	lentille (f)
럼	reom	rhum (m)
리큐르	ri-kyu-reu	liqueur (f)
사과	sa-gwa	pomme (f)
사이드 메뉴	sa-i-deu me-nyu	garniture (f)
사냥감	sa-nyang-gam	gibier (m)
사프란	sa-peu-ran	safran (m)
사탕	sa-tang	bonbon (m)
사워크림	sa-wo-keu-rim	crème (f) aigre
새우	sae-u	crevette (f)
샐러드	sael-leo-deu	salade (f)
샌드위치	saen-deu-wi-chi	sandwich (m)
생강	saeng-gang	gingembre (m)
생과일주스	saeng-gwa-il-ju-seu	jus (m) pressé

생선	saeng-seon	poisson (m)
살구	sal-gu	abricot (m)
살구버섯	sal-gu-beo-seot	girolle (f)
삶은	sal-meun	cuit à l'eau (adj)
상어	sang-eo	requin (m)
셀러리	sel-leo-ri	céleri (m)
설탕	seol-tang	sucre (m)
석류	seong-nyu	grenade (f)
스파게티	seu-pa-ge-ti	spaghettis (m pl)
시금치	si-geum-chi	épinard (m)
식욕	si-gyok	appétit (m)
식용 버섯	si-gyong beo-seot	champignon (m) comestible
신양	si-nyang	cerise (f)
식초	sik-cho	vinaigre (m)
식물유	sing-mu-ryu	huile (f) végétale
소금	so-geum	sel (m)
소고기	so-go-gi	du bœuf
소스	so-seu	sauce (f)
소시지	so-si-ji	saucisson (m)
속	sok	garniture (f)
송아지 고기	song-a-ji go-gi	du veau
송어	song-eo	truite (f)
쌀	ssal	riz (m)
쓴	sseun	amer (adj)
수박	su-bak	pastèque (f)
수프	su-peu	soupe (f)
수수, 기장	su-su, gi-jang	millet (m)
술	sul	boissons (f pl) alcoolisées
순무	sun-mu	navet (m)
숟가락	sut-ga-rak	cuillère (f)
숟가락	sut-ga-rak	cuillère (f) à soupe
샴페인	syam-pe-in	champagne (m)
탄산의	tan-sa-nui	gazeuse (adj)
탄산 없는	tan-san neom-neun	plate (adj)
탄산이 든	tan-san-i deun	pétillante (adj)
탄수화물	tan-su-hwa-mul	glucides (m pl)
티스푼	ti-seu-pun	petite cuillère (f)
팁	tip	pourboire (m)
토끼고기	to-kki-go-gi	lapin (m)
토마토	to-ma-to	tomate (f)
토마토 주스	to-ma-to ju-seu	jus (m) de tomate
통조림	tong-jo-rim	conserves (f pl)
딸기	ttal-gi	fraise (f)
땅콩	ttang-kong	cacahuète (f)
뜨거운	tteu-geo-un	chaud (adj)
튀긴	twi-gin	frit (adj)
우유	u-yu	lait (m)
와인	wa-in	vin (m)
와인 메뉴	wa-in me-nyu	carte (f) des vins
와인글라스	wa-in-geul-la-seu	verre (m) à vin

와플	wa-peul	gaufre (f)
완두	wan-du	pois (m)
웨이터	we-i-teo	serveur (m)
웨이트리스	we-i-teu-ri-seu	serveuse (f)
위스키	wi-seu-ki	whisky (m)
월계수잎	wol-gye-su-ip	feuille (f) de laurier
월귤나무	wol-gyul-la-mu	airelle (f) rouge
야생딸기	ya-saeng-ttal-gi	fraise (f) des bois
양배추	yang-bae-chu	chou (m)
양벚나무	yang-beon-na-mu	merise (f)
양고기	yang-go-gi	du mouton
양념	yang-nyeom	condiment (m)
양파	yang-pa	oignon (m)
양상추	yang-sang-chu	laitue (f), salade (f)
연유	yeo-nyu	lait (m) condensé
연어	yeon-eo	saumon (m)
요구르트	yo-gu-reu-teu	yogourt (m)
요리	yo-ri	cuisine (f)
요리, 코스	yo-ri, ko-seu	plat (m)
요리법	yo-ri-beop	recette (f)
유리잔	yu-ri-jan	verre (m)
육수	yuk-su	bouillon (m)